Constituição e Poder

LIMITES DA POLÍTICA NO ESTADO DE DIREITO

Conselho Editorial
André Luís Callegari
Carlos Alberto Molinaro
Daniel Francisco Mitidiero
Darci Guimarães Ribeiro
Draiton Gonzaga de Souza
Elaine Harzheim Macedo
Eugênio Facchini Neto
Giovani Agostini Saavedra
Ingo Wolfgang Sarlet
Jose Luis Bolzan de Morais
José Maria Rosa Tesheiner
Leandro Paulsen
Lenio Luiz Streck
Paulo Antônio Caliendo Velloso da Silveira

L732c   Lima, Danilo Pereira.
    Constituição e poder: limites da política no estado de direito /
Danilo Pereira Lima. – Porto Alegre: Livraria do Advogado Editora, 2015.
    151 p. ; 23 cm.
    Inclui bibliografia.
    ISBN 978-85-7348-938-5

    1. Direito constitucional. 2. Constituição. 3. Política. 4. Poder judiciário. 5. Ciências políticas - Filosofia. I. Título.

CDU 342

CDD 341.2

Índice para catálogo sistemático:
1. Direito constitucional   342

(Bibliotecária responsável: Sabrina Leal Araujo – CRB 10/1507)

Danilo Pereira Lima

Constituição e Poder

LIMITES DA POLÍTICA NO ESTADO DE DIREITO

Porto Alegre, 2015

© Danilo Pereira Lima, 2015

Edição finalizada em agosto/2014

Projeto gráfico e diagramação
Livraria do Advogado Editora

Revisão
Rosane Marques Borba

Foto da capa
Plenário da Assembleia Constituinte comemorando o fim
dos trabalhos após 20 meses de votações.
Arquivo Câmara dos Deputados

Direitos desta edição reservados por
Livraria do Advogado Editora Ltda.
Rua Riachuelo, 1300
90010-273 Porto Alegre RS
Fone/fax: 0800-51-7522
editora@livrariadoadvogado.com.br
www.doadvogado.com.br

Impresso no Brasil / Printed in Brazil

Aos meus pais, Nivaldo e Célia, pelo amor incondicional que existe entre nós;

A minha querida Priscila, pelo amor e cumplicidade com que me apoiou nesta travessia;

Ao meu avô, Oswaldo Geraldo Pereira, pela enorme falta que faz...

Agradecimentos

A realização deste trabalho não seria possível sem o apoio de diversas pessoas especiais, que, de alguma forma, se fizeram presentes nos momentos em que mais necessitei de ajuda. Sempre me lembrarei da amizade e do companheirismo com que cada uma delas me acompanhou na difícil travessia dessa jornada. Alguns obstáculos, como a saudade de casa e a difícil construção de um texto, não seriam superados sem a excelente companhia de todas elas. Desse modo, quero agradecer especialmente:

... ao Prof. Dr. Lenio Streck, pela orientação e pela confiança com que me acolheu no *Dasein* – Núcleo de Estudos Hermenêuticos;

... aos professores com quem tive a oportunidade maravilhosa de me relacionar no mestrado, em especial a Profa. Dra. Daniela Cademartori, a Profa. Dra. Jania Saldanha, o Prof. Dr. Jose Luis Bolzan de Morais, o Prof. Dr. Anderson Teixeira, o Prof. Dr. Leonel Severo Rocha e o Prof. Dr. Wilson Engelmann;

... aos meus pais, Nivaldo e Célia, pelo comprometimento de sempre;

... à minha companheira, Priscila Monteiro, pela cumplicidade com que suportou a distância interestadual nos dois anos de pesquisa;

... a toda minha família, especialmente aos meus avós Nair Cardoso, Geronyma Duarte e Luiz Lima, e aos meus irmãos Daihane Pereira Lima e Cristiano Andretti;

... aos queridos amigos, Rafael Tomaz de Oliveira e Clarissa Tassinari, pelos constantes ensinamentos ao longo da pesquisa;

... à minha família gaúcha, Luiz Alberto, Sueli da Silva, André da Silva, Kelly da Silva, Manu, Cássio Daniel, Cassiano Jr., Maria Rodrigues, João Alberto, Juliana da Silva, Isabelle da Silva, Nina, Angelina e Beethoven, pelo carinho com que me acolheram em São Leopoldo;

... a Ariel Koch, Alexandre Oliveira da Costa, David Barros Garcia, Emanueli O. Garcia, Felipe Mello, Fernando Hoffmam, Francisco Nunes, Rosivaldo Toscano Jr., Daiane Moura, Luiz Verdolin, Marina Mie, Lucas Fogaça, Roberto Peixoto, Daniel Campos, Kleber Galerani, Carla Galerani, Fabricio de Lima Borges, Pérsio Quiodeto, Emiliane Goulart, Carlos Allegretti, Marcos Antonio, Adenilson José, Fabio Marques Gonçalves, Celso Augusto, Alex Galego, Alan Galego, Elias Jacob, Isadora Neves, Julia Lafayette, Natalia Castilho, Matheus Abreu e Willame Mazza, pela amizade sincera;

... e aos amigos do Dasein, Adriano Lepper, Ziel Ferreira Lopes, Daniel Ortiz Matos, Lúcio Delfino, Lanaira da Silva, Deiwid Amaral da Luz, Guilherme Augusto e Fabiano Müller, pelo companheirismo no trabalho.

Viver é muito perigoso... Porque aprender a viver é que é o viver mesmo... Travessia perigosa, mas é a da vida. Sertão que se alteia e abaixa... O mais difícil não é ser bom e proceder honesto. Dificultoso mesmo, é saber definido o que quer, e ter o poder de ir até o rabo da palavra.

João Guimarães Rosa

À guisa de prefácio:
Da necessidade de controlar os ativismos e voluntarismos judiciais de *terrae brasilis*

Por **Lenio Luiz Streck**

Historicamente, o liberalismo professado pelas elites brasileiras sempre foi atravessado por posturas políticas retrógradas. Na época do Império, os chamados políticos "liberais" proferiam discursos empolgantes sobre a igualdade, liberdade e fraternidade sem ao menos levar em consideração a situação degradante dos escravos. Era a razão cínica daqueles que apenas em momentos de conveniência política resolviam apoiar-se no pensamento liberal. As conquistas revolucionárias do mundo europeu eram assimiladas somente para atender às necessidades de um seleto grupo social que detinha o controle do aparelho estatal, ou seja, o estamento burocrático (no sentido de Faoro).

Desse modo, nos momentos de defesa do "incontestável" direito universal à propriedade (afinal, escravo era coisa), os donos do poder não deixavam de citar os clássicos do liberalismo político para sustentar seus privilégios; no entanto, logo depois, faziam questão de ignorá-los completamente quando o tema era a situação dos habitantes da senzala. De acordo com Alfredo Bosi, em seu *Dialética da Colonização*, o liberalismo brasileiro, "parcial e seletivo, não era incongruente: operava a filtragem dos significados compatíveis com a liberdade intra-oligárquica e descartava as conotações importunas, isto é, as exigências *abstratas* do liberalismo europeu que não se coadunassem com as *particularidades* da nova nação".

Essa situação também pode ser confirmada no envolvimento dos "liberais" brasileiros com os projetos estatais claramente despóticos, concretizados logo após o encerramento do processo de independência. As grandes lideranças políticas do Império conciliaram a arbitrariedade monárquica com os mecanismos de limitação do poder político apresentados pelo constitucionalismo moderno. Nesse sentido, a importação do Poder Moderador e do parlamentarismo serviu apenas como instrumento nas mãos centralizadoras do imperador, que, juntamente com o estamento burocrático, sempre esteve livre de qualquer controle constitucional. Tempos depois, em continuidade ao projeto político autoritário dessa mesma tradição liberal, o Estado Novo foi instituído em 1937, e o regime militar se instaurou em 1964. Deve ser por isso que Sérgio Buarque de Holanda dizia que o liberalismo no Brasil sempre foi, "[...] uma inútil e onerosa superfetação".

Não há dúvida de que o liberalismo à moda *terrae brasilis* tem uma influência incomensurável para a compreensão do fenômeno da aplicação do direito. Para que(m) serve o direito? Em termos de direito penal, por exemplo, o Brasil sempre foi o paraíso da impunidade. O sistema de estamento, tão bem denunciado por Raymundo Faoro, ainda representa forte obstáculo à aplicação do princípio da igualdade. Não por menos aqui impera o foro privilegiado (recuso-me a usar o eufemístico "foro por prerrogativa de função"), pois materialmente, haja vista o sistema estamental, a elite termina por se imunizar pela baixa persecução criminal nas esferas superiores da jurisdição criminal.

Na aplicação do direito *lato sensu*, o Judiciário tem calcado suas práticas no uso abusivo do livre convencimento e do poder discricionário. Assim, construiu-se ao longo da história um espaço de maleabilidade interpretativa, ficando as limitações do poder político paradoxalmente tão discricionário quanto o próprio poder a ser controlado. Isso, à evidência, tem enfraquecido a autonomia do direito.

É nesse contexto, e com raro brilho, que se encaixa o conteúdo do livro *Constituição e Poder: limites da política no Estado de Direito*, de Danilo Pereira Lima, que tenho a satisfação de prefaciar e recomendar à comunidade jurídica de *terrae brasilis*. Danilo faz um escorço histórico notável acerca do papel dos donos do poder e as consequências, ainda hoje, desse fenômeno na democracia (e, obviamente, na aplicação do direito). O autor demonstra o perigo da (mera) instrumentalização do direito, tanto por correntes mais conservadoras, como por correntes mais "progressistas" e que isso serve apenas para fortalecer posições que nunca estiveram comprometidas com a defesa da supremacia constitucional. De Sir Edward Cook aos nossos dias, a obra se constitui em uma ode da preservação da democracia.

A obra faz uma crítica ao modo como o "liberalismo brasileiro" – na verdade, o estamento burocrático – incorporou da Europa e dos Estados Unidos as principais instituições elaboradas pelos movimentos revolucionários: "Aqui, o domínio estamental se sobrepôs ao direito e passou a utilizar todos esses mecanismos constitucionais em causa própria".

Nesse sentido, o advento da Constituição de 1988 pode significar um importante mecanismo de combate à resistência dos velhos estamentos que continuam presentes na sociedade e no aparelho do Estado. A jurisdição constitucional pode ser um mecanismo de acesso à justiça e fortalecimento da autonomia do direito. O direito e sua operacionalidade não pode ser uma continuidade histórica dos "donos do poder". Isso quer dizer que a atividade jurisdicional necessita ser controlada. Nisso exsurge a importância do papel da doutrina, que deve constranger epistemicamente as decisões judiciais. O que Danilo Pereira Lima demonstra, nesse contexto, é que a democracia não pode depender do poder discricionário dos aplicadores. No fundo, pensar que o poder discricionário (ou o livre convencimento) é algo "natural" é como acreditar em poderes não secularizados, sacrais, em que o produto da vontade geral – a lei – pode ser interpretada segundo a conveniência de uma pessoa ou Tribunal. Como diz Danilo: "Qualquer forma de manifestação voluntarista, numa decisão judicial, representa graves prejuízos à realização do Estado Democrático de Direito. Encarar a função de magistrado como uma extensão da vida privada, onde o juiz pode decidir conforme as suas preferências pessoais é, no mínimo, uma postura autoritária, própria do modelo de dominação estamental".

Por todas essas razões e argumentos é que o livro *Constituição e Poder: limites da política no Estado de Direito,* de Danilo Pereira Lima, não pode faltar nas melhores "bibliotecas do ramo". Uma boa leitura!

Escrito no entremeio do denso nevoeiro que circunda a Dacha de São José do Herval, no inverno de 2014!

Sumário

Apresentação ou de como a Filosofia Política "faz falta" ao Direito....................17

Introdução....................................21

1. O Direito e a Política diante da afirmação histórica do Poder Judiciário.........25

1.1. A imposição do poder político por meio da formação do Estado absolutista....................................29

1.2. A relação entre o direito e a política a partir do constitucionalismo moderno....................................37

1.3. A importância dos Tribunais Constitucionais para o fortalecimento da supremacia constitucional....................................47

1.4. O Poder Judiciário no constitucionalismo contemporâneo....................58

2. A relação entre o Direito e a Política no contexto brasileiro....................67

2.1. As contradições da Constituição de 1824: a incorporação do Poder Moderador e a atuação do Poder Judiciário no contexto do Império.............73

2.2. As incoerências do "republicanismo" brasileiro: a criação do Supremo Tribunal Federal e a incorporação da *judicial review*....................83

2.3. O golpe de 1964 e as inapropriadas condições para o aparecimento do controle concentrado de constitucionalidade....................................93

2.4. Balanço intermediário: as influências de regimes autoritários para a caracterização de uma atuação inexpressiva do Poder Judiciário..............104

3. Estamento e ativismo judicial: a atuação do Poder Judiciário em tempos de Estado Democrático de Direito....................................111

3.1. A política como predadora externa da autonomia do direito....................117

3.2. O predomínio de uma postura estamental no Poder Judiciário....................124

3.3. A democratização do Poder Judiciário por meio do controle hermenêutico: a teoria da decisão de Lenio Streck....................................133

Considerações finais....................................141

Referências....................................145

Apresentação ou de como a Filosofia Política "faz falta" ao Direito

O trabalho que Danilo Pereira Lima nos oferta, a partir de sua dissertação defendida junto ao Programa de Pós-Graduação em Direito da UNISINOS, é daqueles que, entre outras coisas, nos põe a pensar acerca da própria formação jurídica e das tradições por ela engendradas, sobretudo quando confrontadas com o insuficiente ou deficiente conhecimento da Filosofia Política, aqui tomada como uma generalização relativamente à compreensão dos fatores que subjazem às construções e experimentações jurídico-políticas.

Bem demonstra o jovem e promissor Autor, ao longo do texto, o quanto as conexões que estão na base das instituições e das fórmulas jurídicas modernas só permitem ser acessadas com uma certa qualidade compreensiva crítica se tomarmos em consideração os fundamentos e experiências políticas que as formaram.

Da mesma forma, e a partir de tal conhecimento, é possível perceber o quanto a sua "importação" muitas vezes serve apenas para encobrir estruturas de poder e de controle social que permitem a continuidade de sociedades estamentais, como é o caso da brasileira que, mesmo com a inauguração de uma nova fase constitucional, talvez até então inédita, padece seja quanto às condições de implementação das "novidades" trazidas pelo "novo" constitucionalismo brasileiro, seja quanto à atuação das diversas instâncias de poder, as quais, muitas vezes, incorrem em equívocos fundacionais, em particular quanto aos papéis que devem ser desempenhados por cada um dos atores institucionais.

Ou seja, a filosofia "política" contemporânea, quando se confronta com a(s) crise(s) do Estado,[1] assume um papel revigorado, tendo

---

[1] Cf. BOLZAN DE MORAIS, Jose Luis. *Costituzione o Barbarie*. Col. Costituzionalismi Difficili. n. 2. Lecce: Pensa. 2004. Também: BOLZAN DE MORAIS, Jose Luis. *As crises do Estado e da Constituição e a transformação espaço-temporal dos direitos humanos*. Coleção Estado e Constituição. n° 1. 2ª ed. Porto Alegre: Livraria do Advogado, 2012.

que dar conta das novas circunstâncias que "constituem" o social sem a onipresença deste grande Leviatã.[2] Com isso, a dramatização da vida cotidiana passa a ser observada não apenas desde um lugar hegemônico – o estatal – mas ganha novas instâncias e foros, exigindo o domínio de novas formas de saber e de ação prática.

Por isso o jurista contemporâneo vê o seu universo ao mesmo tempo se desmoronando e se reconstruindo, agora sob novas bases e dotado de uma multiplicidade até então relegada a segundo plano diante da onipresença e supremacia da ação estatal.

Não é a toa que o caráter plural do Direito ficou submetido ao longo da modernidade à univocidade do Estado, apesar das diversas tendências e lutas pluralistas que alguns setores da teoria jurídica travaram neste período. Hoje ganha força e consistência, para o bem e para o mal, o caráter plural do Direito, assumindo este múltiplas facetas, como também provindo de muitas origens e adotando diversas estratégias de atuação. Talvez pudéssemos falar em um ("neo")pluralismo, marcado pela coexistência de ordens jurídicas diversas da estatal, apesar de não serem dotadas daquelas características que o debate acerca do "pluralismo jurídico" elegeu ao longo do tempo.

Não há, pois, como sonegar a existência de diversos "direitos", advindos de instâncias normativas distintas e dotados de mecanismos e fórmulas de aplicação diversas, o que, muitas vezes "interfere" nas formas e fórmulas tradicionais do conhecimento e das práticas jurídicas, como veremos ao longo deste livro.

Vivenciamos, então, um novo "momento neofeudal" (para uns) ou, quiçá, "pós-moderno" (para outros) das relações sociais, com a ruptura das construções modernas e um processo de desfazimento da instância de autoridade comum erigida pela modernidade e, com isso, caminhamos inexoravelmente para uma "bladerunnerização" da vida, ou somos atores – principais ou coadjuvantes – de um processo de transição que carrega muito daquilo que vem da tradição moderna, mas, ao mesmo tempo, põe em pauta esquemas sociorregulatórios renovados ou, até mesmo, até então inéditos ou, ainda, vivenciamos o fim de uma era e o início de algo que ainda não tem uma conformação assimilável pela nossa racionalidade.

Diante de tudo isso, parece relevante considerar o "chamamento" de G. Agamben, em seus Profanações,[3] quando retoma a ideia de

---

[2] Cf. MARRAMAO, Giacomo. *Contro il Potere*. Milano: Bompiani. 2011; MARRAMAO, Giacomo. *Doppo il Leviatano. Individuo e comunità*. Torino: Bollati Boringhieri. 2000; CASSSESE, Sabino. *La crisi dello Stato*. Roma: Laterza. 2002; CASSSESE, Sabino. Oltre lo Stato. Roma: Laterza, 2006.

[3] Cf. AGAMBEN, Giorgio. *Profanações*. São Paulo: Boitempo, 2007.

profanação, convocando para uma dessacralização dos "mitos" modernos, até mesmo, de tudo aquilo que é retirado do alcance humano, em particular no que respeita àquilo que foi sacralizado na/pela modernidade.

De certo modo, este é o mote deste livro. Tentar pôr em discussão dessacralazadamente/profanamente alguns temas muitas vezes alocados longe "das mãos" humanas, constituídos como sagrados, e, portanto, intangíveis.

De qualquer maneira, é inegável que estamos em meio a um turbilhão e que, neste contexto, tenhamos muitas dúvidas. Entretanto, no interior deste redemoinho, o papel da filosofia "política" "no" Direito permanece como sendo aquele de aportar recursos teórico-reflexivos adequados para a compreensão das próprias circunstâncias que nos afetam, tendo presente a inexorável necessidade de continuidade da história, sob pena de presenciarmos a morte da própria subjetividade.

Neste "continuar da história", a compreensão e a prática do Direito não podem abdicar da filosofia "política", pois de outra forma não encontraríamos respostas suficientes e eficientes para a compreensão desta transição das formas político-jurídicas, bem como e por isso mesmo teríamos imensas dificuldades – se não estivéssemos mesmo impossibilitados – para forjar um conhecimento jurídico apto ao caráter multifacetado e multinível da autoridade e do direito contemporâneos, diferentemente de sua unidade moderna; à sua insuperável abertura, em contraposição ao fechamento característico do direito territorializado próprio aos Estados Nacionais; à dimensão intercultural peculiar à questão crucial da eficácia dos direitos fundamentais e, mesmo, das relações privadas em um mundo global, entre outras questões, tais como o fim das dicotomias, o problema da exclusão social, da violência, da guerra, da macrocriminalidade etc.

Por outro lado, deve-se, ainda nesta perspectiva, ter presente aquilo que poderíamos classificar como pluralismo jurídico pautado pela convivência tensa entre diversas ordens normativas, cada qual apropriando espaços, métodos e estratégias próprios. A emergência destes "direitos alternativos(!)" impõe que, seja qual for nossa posição frente aos mesmos, tenhamos alguma estratégia para o ensino jurídico que preveja o trato desta que parece ser, ao menos por ora, uma tendência de emergência de sistemas jurídicos concorrentes àquele do Estado (oficial), por exemplo, a possibilidade de construção de ordens jurídicas sociais propostas por grupos restritos da sociedade – empresariais, associativos, marginais, etc.

Constituição e Poder
LIMITES DA POLÍTICA NO ESTADO DE DIREITO

Não é por outro motivo que temos experimentado uma confusão relacional entre funções de Estado, bem como sobre práticas levadas a efeito por seus atores, como bem apontado pelo Autor, quando enfrenta a experiência constitucional brasileira, no capítulo segundo, e a atuação do Poder Judiciário, no capítulo terceiro, trazendo para o debate a necessidade de se estabelecer controles – hermenêuticos, no caso – para que tais práticas não se constituam, elas mesmas, em novas formas estamentais de produção jurídica.

E, tudo isso, apenas é possível com a tomada em consideração da (filosofia) política como ambiente informador do Direito e de suas práticas.

Boa leitura!

Prof. Dr. Jose Luis Bolzan de Morais

Professor do PPGD/UNISINOS
Procurador do Estado do Rio Grande do Sul

Introdução

A limitação do poder político sempre foi um grande desafio para o constitucionalismo. Sem dúvida alguma, a elaboração de mecanismos jurídicos, voltados para impedir a formação de regimes arbitrários, foi fundamental para que o direito se sobrepusesse à política e garantisse melhores condições institucionais para o estabelecimento do regime democrático. Diante da ausência de qualquer limite constitucional, um monarca ou um presidente da República podem governar de maneira autoritária; o Legislativo, por meio da maioria parlamentar, pode atropelar as minorias e fazer com que predomine um regime despótico; e os juízes, através da discricionariedade, podem ignorar o direito e decidir com argumentos de política, conforme suas preferências pessoais. Assim, somente um regime político que se submeta ao Estado de Direito tem condições institucionais para fazer com que os princípios democráticos sejam devidamente respeitados.

Hodiernamente, atuações políticas despreocupadas com o direito continuam a contaminar uma parte significativa dos atos praticados por todos os Poderes. São posições que se colocam à margem do direito e dificultam qualquer tipo de limitação por parte da Constituição. E isso pode ser observado no excesso de medidas provisórias por parte do Executivo; em um Congresso Nacional que não analisa os vetos presidenciais no prazo juridicamente adequado; e em um Judiciário que baseia sua atuação institucional nas escolhas pessoais de seus respectivos membros. Todos esses desvios institucionais, de alguma forma, favorecem posturas autoritárias e acabam deixando os cidadãos numa situação muito mais delicada.

Obviamente, a presente obra não tem a pretensão de abordar todos os tipos de desvios que acontecem nos três Poderes. A preferência por uma análise sobre a atuação institucional do Poder Judiciário representou uma estratégia metodológica para o desenvolvimento da pesquisa, ao destacar a importância deste Poder para a defesa do Estado de Direito – que ocorre por meio da jurisdição constitucional – e, ao mesmo tempo, analisar os riscos de uma atuação judicial voluntarista para o próprio constitucionalismo, já que este acabaria ficando à mercê das preferências pessoais de um juiz. Se atualmente a autonomia funcional do Judiciário é imprescindível para impedir que o direito seja solapado tanto pelo Executivo, quanto pelo Legislativo, isso não quer dizer que os juízes estão livres de qualquer controle constitucional. Numa democracia, todos os Poderes devem se submeter ao direito, inclusive o Judiciário.

Para que o direito conquistasse o seu *status* de autonomia em relação à política, a moral e a economia foi preciso percorrer um longo caminho. Diversas guerras e revoluções tiveram que acontecer para que o constitucionalismo elaborasse seus próprios mecanismos de limitação do poder político. O desafio de fazer com que um regime político, fundamentado no direito, não fosse dizimado por um poder arbitrário, sempre foi o grande objetivo do constitucionalismo. E hoje a situação não pode ser diferente quando o assunto envolve a atuação institucional do Poder Judiciário. Os juízes também devem estar subordinados à Constituição em um Estado Democrático de Direito.

Para analisar a atuação do Poder Judiciário, nos dias atuais, a presente obra deverá retornar às raízes históricas do constitucionalismo, presentes em suas três principais matrizes teóricas: as experiências inglesa, estadunidense e francesa. Todas elas, de alguma forma, contribuíram para o aprimoramento do constitucionalismo moderno. No primeiro, caso foi possível encontrar elementos extremamente importantes para a formação do controle judicial de constitucionalidade, embora, após a Revolução Gloriosa, tenha prevalecido a supremacia do Parlamento. No segundo caso, os novos desafios postos diante das treze colônias, após a guerra de independência, ajudaram a formar um novo regime na América, com um controle judicial de constitucionalidade – herdeiro da experiência inglesa – fundamental para que a supremacia constitucional ganhasse força pela primeira vez em um país. No último caso, o radicalismo no enfrentamento contra o *ancien régime* contribuiu para que o Judiciário assumisse um papel secundário após a revolução e fez com que o Legislativo incorporasse os anseios políticos de acabar com as monarquias despóticas.

Em todas essas experiências, é possível observar que a ausência de um Judiciário forte pode contribuir grandemente para o enfraquecimento de uma Constituição e, consequentemente, favorecer uma maior instrumentalização do direito tanto pelo Executivo, quanto pelo Legislativo. A ideia de supremacia constitucional está associada à jurisdição constitucional desde o seu nascedouro nos Estados Unidos. Foi nessa perspectiva que o direito se reorganizou após a Segunda

Guerra Mundial, ciente de que sem uma jurisdição constitucional dificilmente as novas Constituições teriam normatividade.

Contudo, o Judiciário – que agora tem que zelar pela autonomia do direito – não pode continuar decidindo de forma voluntarista, como se a sentença fosse uma simples questão de escolha. Não há lugar para a discricionariedade no Constitucionalismo Contemporâneo.[1] Aceitar o ativismo judicial, na atual conjuntura, seria o mesmo que sustentar que a política deve se sobrepor ao direito. Isso é impensável após todas as lutas ocorridas para que as Constituições ganhassem normatividade. Sem o necessário limite à atividade judicial, o direito também corre sérios riscos.

No caso do Brasil, a situação é um pouco mais dramática. O país viveu a maior parte de sua história sob regimes autoritários e incorporou diversos mecanismos de controle do poder político de maneira completamente incoerente. Foi um simulacro de constitucionalismo manipulado constantemente pelos *donos do poder*. Esta realidade teve início durante o Império, com uma Constituição outorgada pelo monarca e os desmandos realizados pelo Poder Moderador. Depois, com a proclamação da República, o arbítrio continuou se sobrepondo ao direito, permitindo que a jurisdição constitucional fosse instalada apenas *pro forma*.

O domínio estamental utilizou todos os mecanismos constitucionais em causa própria. Dessa maneira, o trabalho deverá analisar este problema em três momentos distintos: no Império, na República Velha e no Regime Burocrático-Militar de 1964–1985. No primeiro caso, não houve uma jurisdição constitucional, e o Supremo Tribunal de Justiça, órgão de cúpula do Poder Judiciário, funcionou como um verdadeiro tribunal de cassação. O monarca governava de maneira despótica e interferia em todos os outros Poderes. No segundo caso, a República Velha foi proclamada por meio de um golpe militar. A Constituição de 1891 trouxe dos Estados Unidos o presidencialismo, o federalismo e a *judicial review*. No entanto, a maneira como o estamento se apropriou dessas instituições serviu principalmente para estimular o poder autoritário do presidente da República. O federalismo foi transformado num mecanismo das relações oligárquicas entre o poder central e as lideranças locais; o controle difuso não funcionou

---

[1] Cf. STRECK, Lenio Luiz. *Verdade e Consenso*. 4ª ed., São Paulo: Saraiva, 2011, p. 37. Constitucionalismo Contemporâneo é a nova expressão cunhada por Lenio Streck para se referir ao constitucionalismo do segundo pós-guerra. Com efeito, a expressão neoconstitucionalismo chegou a um ponto de degradação semântica e anemia significativa, que foi preciso estabelecer um sentido específico para esse novo modelo de constitucionalismo, que se afirma no contexto da "era de ouro" da democracia europeia.

nos mesmos termos que a *judicial review*, primeiramente porque o Brasil não possuía a noção do *stare decisis*, presente nos países filiados à tradição do *common law*; em segundo lugar, porque o STF não assumiu o papel que a Suprema Corte exercia nos Estados Unidos como tribunal da federação. No terceiro caso, o estamento burocrático-militar recepcionou o controle concentrado de constitucionalidade que a Europa continental, do Segundo Pós-Guerra, havia formulado. Nessa experiência europeia, a jurisdição constitucional mostrou-se necessária para garantir a supremacia das novas Constituições e oferecer uma condição de autonomia ao direito. Contudo, a incorporação feita pelo Brasil serviu para aumentar o domínio do Poder Executivo sobre o Poder Judiciário.

Nesse sentido, é possível perceber que a permanência de uma dominação estamental prejudicou por muito tempo o fortalecimento de uma jurisdição constitucional no contexto brasileiro, impedindo que o direito alcançasse a autonomia necessária para limitar o exercício do poder político. Dessa forma, após abordar todas essas questões nos dois primeiros capítulos, a presente obra se dedicará à situação atual do constitucionalismo brasileiro, concentrando seus esforços na defesa do Estado de Direito contra as investidas autoritárias do poder político. Ciente de que, nos dias atuais, o Poder Judiciário exerce um papel predominante na relação institucional com os demais Poderes, o último capítulo pretende analisar o problema do ativismo judicial como uma manifestação estamental dos magistrados, destacando que esse desvio autoritário também pode trazer graves prejuízos ao Estado Democrático de Direito.

Desse modo, o desafio de encontrar limites para a atividade judicial e, simultaneamente, defender a autonomia do direito contra o exercício arbitrário do poder, permanecem presentes no constitucionalismo atual. Retornar aos clássicos da filosofia política pode nos ajudar a enfrentar esses novos desafios relacionados à atuação do Poder Judiciário na contemporaneidade. Obviamente, o presente trabalho não pretende esgotar o assunto, mas apenas contribuir para o aprimoramento das instituições democráticas no contexto brasileiro, apostando sempre na supremacia do direito como a melhor saída para todos esses problemas.

1. O Direito e a Política diante da afirmação histórica do Poder Judiciário

O constitucionalismo moderno surgiu como uma técnica de limitação do poder estatal e de proteção das liberdades contra as arbitrariedades praticadas no âmbito da política.[2] Desse modo, a partir da formação do Estado absolutista, quando a política precisou se sobrepor a todas as ordens sociais estabelecidas pelo feudalismo, para que a paz fosse garantida entre as diversas facções religiosas desenvolvidas após a reforma protestante – não esquecendo que, para Matteucci, a tolerância religiosa deve ser vista como mãe de todas as liberdades[3] –, é possível referir que a afirmação da autonomia do direito pressupõe uma articulação entre direito e política, que, em um primeiro momento, no Estado absolutista, não conseguiu se estabelecer devido à exigência do predomínio da política sobre o direito e, apenas mais tarde, devido aos excessos praticados pelo poder político, o direito paulatinamente foi se sobrepondo à política.

Logicamente, todos os acontecimentos que marcaram o fortalecimento do direito não se desenvolveram de maneira linear, seguindo uma ideia de progresso muito cara a todas as correntes de pensamento que fazem filosofia da história, ao acreditar num processo histórico que sempre se aperfeiçoa ao longo do caminho;[4] mas, pelo contrário,

---

[2] Cf. CAENEGEM, Raoul van. *Uma introdução histórica ao direito constitucional ocidental*. Lisboa: Fundação Calouste Gulbenrkian, 2009, p. 106. Nesse sentido Caenegem afirma que, "[...] 'constitucionalismo' refere-se a uma tradição jurídica baseada na ideia de que o exercício do poder político deve ser limitado por um pacto fundamental entre governantes e governados, salvaguardando os direitos dos últimos e definindo as tarefas e poderes dos primeiros".

[3] Cf. MATTEUCCI, Nicola. *Organización del poder y liberdad: historia del constitucionalismo moderno*. Madrid: Trotta, 1998.

[4] Cf. KOSELLECK, Reinhart. *Crítica e Crise: uma contribuição a patogênese do mundo burguês*. Rio de Janeiro: Contraponto, 1999. Ver também: TOMAZ DEOLIVEIRA, Rafael. O constitucionalismo garantista e a leitura moral da Constituição: quais são as "condições de possibilidade" dos juízos substanciais (materiais) de controle de constitucionalidade? In: FERRAJOLI, Luigi; STRECK, Lenio Luiz; TRINDADE, André Karam. *Garantismo, hermenêutica e (neo)constitucionalismo: um debate com Luigi Ferrajoli*. Porto Alegre: Livraria do Advogado, 2012, p. 188.

em diversos momentos, o direito foi *atravessado* por regimes políticos autoritários, capazes de transformá-lo num mero instrumento da ideologia política dominante – nesse sentido, a experiência do totalitarismo no século XX foi o maior exemplo. Desse modo, para fortalecer a autonomia do direito, o Constitucionalismo Contemporâneo construiu diversos mecanismos de contenção do poder político que acabaram favorecendo a predominância do Poder Judiciário frente à atuação dos demais Poderes.

Para compreender o papel que o Poder Judiciário deve exercer no Constitucionalismo Contemporâneo, é importante analisar o modo como o direito e a política vem se relacionado ao longo da história, partindo da formação do Estado moderno, em que a política, por meio do *Leviatã*, teve que se sobrepor a todas as outras ordens jurídicas do medievo para pacificar as guerras religiosas; até o surgimento do constitucionalismo moderno e de todos os mecanismos criados para fortalecer o controle da política por meio do direito. Ao realizar esta reconstrução histórica, é possível perceber que, nos lugares onde o Poder Judiciário tem ocupado certa predominância frente à atuação dos demais poderes, o constitucionalismo concomitantemente tem buscado fortalecer a autonomia do direito frente à política, colocando este poder numa posição contrária às constantes investidas arbitrárias do poder Político. No entanto, se a atuação do Poder Judiciário passa a ser utilizada para fazer política por meio de sentenças, transformando a decisão judicial num simples ato de vontade[5] – e aí a crítica se estende a todas as espécies de ativismo judicial, sejam elas consideradas mais "progressistas" ou mais "conservadoras" –, a política volta a se sobrepor ao direito, não por meio das atuações do Parlamento e da Administração Pública, mas agora pelas mãos do Judiciário, que, paradoxalmente, acaba por comprometer o constitucionalismo compreendido como técnica de limitação do exercício do poder político e de proteção dos direitos fundamentais.

Destarte, para falar em autonomia do direito, no contexto do Constitucionalismo Contemporâneo, é preciso passar pelas principais experiências constitucionais dos séculos XVII e XVIII, onde um caldo de cultura favoreceu a atuação de movimentos revolucionários dispostos a abalar as antigas estruturas de poder político presentes na Inglaterra, nos Estados Unidos e na França. Ao analisar os mecanismos constitucionais construídos nestes países, podemos perceber que o maior desafio para os revolucionários desse período foi encontrar, segundo as peculiaridades históricas de cada lugar, uma resposta

---

[5] Cf. KELSEN, Hans. *Teoria Pura do Direito*. São Paulo: Martins Fontes, 1998.

para a problemática atuação arbitrária do poder político. Assim, se durante todo o absolutismo a política teve que predominar sobre o direito, impedindo que o *gubernaculum* e a *jurisdictio* fossem separados nas respectivas atuações dos monarcas e dos juízes itinerantes;[6] no constitucionalismo moderno o direito começou a se colocar numa posição muito mais destacada, o que, consequentemente, acabou por favorecer uma separação mais clara entre as funções políticas e jurisdicionais, fazendo com que o tensionamento entre o direito e a política aumentasse significativamente.

Nesse sentido, de acordo com a leitura que Maurizio Fioravanti faz do constitucionalismo moderno e da afirmação dos direitos fundamentais, existem três modelos que servem para analisar as experiências constitucionais inglesa, estadunidense e francesa. Segundo ele, o primeiro modelo, chamado de historicista, é mais adequado ao constitucionalismo estabelecido na Inglaterra, que, por meio de uma forte valorização da tradição presente no *Common Law*, produziu um modelo de governo equilibrado, com as principais forças políticas, sociais e econômicas representadas no parlamento (rei, aristocracia e burguesia), sem que para isso fosse necessária uma total ruptura com o passado.[7] Desse modo, é possível perceber que toda a elaboração do constitucionalismo inglês ocorreu de maneira paulatina, sem que o passado e a tradição fossem rejeitados na sua totalidade. O segundo e o terceiro modelo, chamados respectivamente de individualista e estatalista, serviram para analisar dois momentos diversos do constitucionalismo que ocorre na França revolucionária, sendo ambos marcados pela falta de rigidez constitucional devido à radical atuação do constituinte e do legislador contra a estrutura de poder do antigo

---

[6] Cf. HOLMES, Stephen. El precompromisso y la paradoja de la democracia. In: ELSTER, Jon; SLAGSTAD, Rune. *Constitucionalismo y Democracia*. México: Fondo de Cultura Económica, 1999, p. 250. De acordo com Holmes, para diminuir a sobrecarga governamental, os monarcas já haviam estabelecido uma atuação semiautônoma das agências judiciais. No entanto, esta relativa autonomia não servia para limitar o poder político, mas para racionalizar a capacidade das monarquias realizarem suas atividades. Assim, ele afirma que, "*Originalmente, al menos, no se estableció una judicatura independiente con el fin de limitar el poder, sino, por lo contrario, para aumentar la capacidade en el desempeño de sus labores*".

[7] Cf. CAENEGEM, Raoul van. *Juízes, Legisladores e Professores*. Rio de Janeiro: Elsevier, 2010, p. 8. Nesse mesmo sentido Caenegem analisa a tradição do *Common Law* como uma "trama inconsútil" que se diferencia extremamente da experiência constitucional francesa, ao não acompanhar o radicalismo dos revolucionários na destruição do antigo regime. Ele chega a afirmar que, "A própria noção de um '*ancien régime*' é desconhecida na Inglaterra e podemos apenas especular sobre qual foi o momento em que o 'antigo mundo' veio abaixo no país: foi na reforma? Ou foi no tempo da revolução puritana e da execução do rei Carlos I? Ou na revolução gloriosa? Foi a revolução industrial que varreu 'a velha Inglaterra' ou a primeira guerra mundial? Não há nenhuma resposta clara e indubitável: o que é certo é que, na Inglaterra, como em outras partes, um antigo mundo desapareceu, mas não é tão fácil determinar o exato momento em que isso aconteceu".

Constituição e Poder
LIMITES DA POLÍTICA NO ESTADO DE DIREITO

regime. É importante frisar que, a partir de um corte rousseauniano, os revolucionários franceses procuraram atacar as arbitrariedades do monarca e da aristocracia por meio da *volonté générale*.[8] No entanto, logo depois esta solução acabou se mostrando tão autoritária quanto a estrutura de poder que eles haviam superado. Por último, os modelos historicista e individualista serviram para melhor compreender o constitucionalismo estadunidense do pós-guerra de independência, organizado a partir da influência do princípio do governo equilibrado e da desconfiança dos colonos com relação aos poderes constituídos, já que a disputa anterior com o parlamento inglês havia deixado marcas indeléveis na nova nação. Desse modo, a experiência histórica das treze colônias acabou exigindo um constitucionalismo mais rígido, baseado no princípio da supremacia constitucional e na formação do controle de constitucionalidade criado pela *judicial review*.[9]

Assim, esta primeira parte do trabalho tem como escopo analisar a afirmação histórica do Poder Judiciário como um processo que ocorre concomitantemente com o fortalecimento da ideia de autonomia do direito. Destarte, se durante o absolutismo a política teve que se sobrepor a todas as demais ordens sociais, instrumentalizando o direito por meio da concentração do *gubernaculum* e da *jurisdictio* numa mesma pessoa (o monarca); a partir do constitucionalismo moderno a preocupação com a limitação do poder político modificou completamente o desempenho das funções estatais – e isso começou a ocorrer com a separação entre o *gubernaculum* e a *jurisdictio* –, fazendo com que o direito começasse a se sobrepor à política por meio do controle de constitucionalidade exercido no âmbito do Poder Judiciário. É a partir desta reconstrução histórica que a primeira parte do trabalho pretende demonstrar a importância do Poder Judiciário para o fortalecimento da autonomia do direito presente no Constitucionalismo Contemporâneo. Nesse sentido, se no século XIX Ferdinand Lassalle ainda afirmava que as constituições deveriam apenas descrever a

---

[8] Cf. ROUSSEAU, Jean-Jacques. *O contrato social*. São Paulo: Martins Fontes, 1989. Em Rousseau, a formação da sociedade civil exigia que todos os indivíduos se colocassem a disposição da vontade geral, que não era necessariamente a soma das vontades particulares ou simplesmente a vontade da maioria, mas sim a expressão da vontade do povo. Nesse sentido, enquanto participante da vontade geral o cidadão era considerado soberano e enquanto governado era considerado súdito, mas um súdito livre, já que apenas se submetia a vontade que havia ajudado a formular como membro da sociedade civil. Assim, diferentemente de Bodin, Bossuet e Hobbes, que concentravam a soberania na figura do monarca absolutista, Rousseau transferiu ao povo o poder de criar as leis que deveriam obrigar os indivíduos a se submeterem a sociedade civil. A respeito desse autor, ver: CHEVALLIER, Jean-Jacques. *As grandes obras políticas de Maquiavel a nossos dias*. 8ª ed., Rio de Janeiro: Agir, 1999, p. 162 – 195.

[9] Cf. FIORAVANTI, Maurizio. *Los derechos fundamentales: apuntes de historia de las constituciones*. Madrid: Trotta, 2003.

realidade política do país, sob pena de transformarem-se numa mera folha de papel caso tentassem contrariar os fatores reais da política;[10] hodiernamente o Estado Democrático de Direito não pode permitir que o direito seja instrumentalizado pela política, muito menos por meio da atuação do Poder Judiciário, já que seu fortalecimento institucional ocorreu para favorecer a supremacia constitucional e, consequentemente, a autonomia do direito frente à política.

1.1. A imposição do poder político por meio da formação do Estado absolutista

O Estado moderno nasceu primeiramente como Estado absolutista, ao apresentar uma resposta aos diversos problemas e contradições que surgiram com a desintegração da sociedade feudal.[11] Nesse sentido, a passagem do medievo para a modernidade exigiu a imposição do poder político para superar a grave crise que se abateu na Europa durante o século XVI.[12] Diante do fim da unidade da Igreja Católica e da fragmentação do poder existente nas relações feudais, o *Leviatã* (Estado absolutista) apareceu como uma resposta à instabilidade criada pelas guerras religiosas e pela desintegração do feudalismo, ao impor toda sua força política contra qualquer forma particularista de poder que pudesse resistir a suas investidas centralizadoras.[13]

---

[10] Cf. LASSALLE, Ferdinand. *A essência da constituição*. 5ª ed., Rio de Janeiro: Lumen Juris, 2000. Para uma crítica as posições de Lassalle, ver: HESSE, Konrad. *A força normativa da constituição*. Porto Alegre: Sergio Antonio Fabris, 1991.

[11] Cf. FAORO, Raymundo. *Os donos do poder: formação do patronato político brasileiro*. 3ª ed., São Paulo: Globo, 2001, p. 37 e 38. Segundo Raymundo Faoro, o advento de uma economia monetária, a ascendência do mercado nas relações de troca e a existência de navegações comerciais durante a idade média, acabaram prejudicando o desenvolvimento do feudalismo em Portugal, que acabou por desenvolver um modelo de dominação política patrimonialista e estamental, centralizado na figura do monarca. Ao reforçar a tese da inexistência do feudalismo em Portugal, ou, mais longinquamente, na Península Ibérica, defendida primeiramente por Alexandre Herculano, ele chega a afirmar que: "O feudalismo, acidente político e de direito público, não se configura, historicamente, sem que reúna os elementos que o fazem um regime social. O argumento de que se deve procurar-lhe o cerne no sistema econômico, no enquadramento das forças de produção, peca por uma fraqueza fundamental. Se ele não logrou provocar, na superfície, as florações sociais, jurídicas e institucionais – as chamadas superestruturas –, essa incapacidade denuncia a própria incerteza da infraestrutura, da base". Dessa forma, ao contrário das interpretações marxistas, que compreendem a formação do sistema político como um mero reflexo do sistema econômico, Faoro ampliou a análise da formação histórica do Estado moderno buscando compreender o sistema político a partir dele mesmo.

[12] Cf. BOLZAN DE MORAIS, Jose Luis. Afinal: quem é o Estado? Por uma Teoria (possível) do/ para o Estado Constitucional. In: ——; COUTINHO, Jacinto Nelson de Miranda; STRECK, Lenio Luiz. *Estudos Constitucionais*. Rio de Janeiro: Renovar, 2007, p. 153 – 154.

[13] Cf. BOBBIO, Norberto. *Estado, Governo, Sociedade: para uma teoria geral da política*. Rio de Janeiro: Paz e Terra, 1987, p. 81. Segundo Bobbio, "O tema da exclusividade do uso da força como

---

Constituição e Poder
LIMITES DA POLÍTICA NO ESTADO DE DIREITO

Somente a política, por meio de uma instituição com legitimidade de decisão, teria condição de restabelecer o nexo perdido entre exigências sociais e soluções jurídicas[14] que havia se diluído após o fim do consenso social existente na ordem social do medievo. Desse modo, é possível perceber que a questão enfrentada durante a transição para a modernidade não estava na problemática da limitação do exercício do poder político, mas na necessidade de imposição do poder político para a superação da instabilidade social causada pela decadência do feudalismo.

Durante o medievo, o feudalismo destacou-se como uma unidade orgânica de economia e dominação política, baseada em uma cadeia de domínios parcelares onde o exercício do poder político encontrava-se completamente fragmentado.[15] Não havia Estado,[16] apenas a Igreja possuía certa unidade institucional, o que acabava favorecendo a sua hegemonia. O direito não era determinado pela política, mas encontrado apenas na tradição imemorial ou nas instituições divinas, cabendo aos núcleos de poder apenas conservá-lo e restabelecê-lo em casos de violação.[17] As relações sociais, estabelecidas entre os membros da aristocracia, eram marcadas essencialmente pelo dever de vassalagem e de serviço militar, exercidas diretamente pelos senhores feudais. A aristocracia não trabalhava diretamente em suas terras e dedicava-se exclusivamente às atividades militares, enquanto, do outro lado, o

---

característica do poder político é o tema hobbesiano por excelência: a passagem do estado de natureza ao Estado é representada pela passagem de uma condição na qual cada um usa indiscriminadamente a própria força contra todos os demais a uma condição na qual o direito de usar a força cabe apenas ao soberano. A partir de Hobbes o poder político assume uma conotação que permanece constante até hoje".

[14] Cf. GRIMM, Dieter. *Constituição e Política*. Belo Horizonte: Del Rey, 2006, p. 6.

[15] Cf. ANDERSON, Perry. *Linhagens do Estado absolutista*. São Paulo: Brasiliense, 2004, p. 19. É necessário destacar que o historiador Perry Anderson, a partir de uma abordagem marxista, analisou a formação do Estado absolutista como mera expressão dos interesses políticos e econômicos da aristocracia, que, ao criar um poder político centralizado, apenas buscou assegurar seu próprio domínio social frente à decadência do modelo de dominação (servidão) presente no modo de produção feudal. Segundo ele: "Com a comutação generalizada das obrigações, transformadas em rendas monetárias, a unidade celular de opressão política e econômica do campesinato foi gravemente debilitada e ameaçada de dissociação (o final deste processo foi o 'trabalho livre' e o 'contrato salarial'). O poder de classe dos senhores feudais estava assim diretamente em risco com o desaparecimento gradual da servidão. O resultado disso foi um *deslocamento* da coerção político-legal no sentido ascendente, em direção a uma cúpula centralizada e militarizada – o Estado absolutista. Diluída no nível da aldeia, ela tornou-se concentrada no nível 'nacional'". Assim, é possível perceber que, diferentemente do posicionamento teórico de Raymundo Faoro, o historiador Perry Anderson compreende a formação do Estado absolutista como resultado das contradições geradas pela estrutura econômica medieval (fim da servidão) e pelo desenvolvimento da luta de classes.

[16] Cf. FIORAVANTI, Maurizio. *Los derechos fundamentales: apuntes de historia de las constituciones*. Madrid: Trotta, 2003, p. 27.

[17] Cf. GRIMM, Dieter. *Constituição e Política*. Belo Horizonte: Del Rey, 2006, p. 3 a 6.

servo ficava ligado permanentemente à terra, sendo obrigado a trabalhar alguns dias da semana apenas para pagar as obrigações devidas ao seu senhor.

Acima da sociedade e da Igreja não havia nenhuma instituição política que pudesse ser qualificada como Estado. Uma organização política compacta, com capacidade de se impor às diversas maneiras autônomas de exercício do poder, estava completamente ausente na sociedade medieval. Por isso, para Paolo Grossi, a realidade sociopolítica desse período pode ser comparada à imagem de uma teia ou de uma rede composta por diversas articulações sociais ascendentes, onde estão envolvidas famílias, agregações suprafamiliares, corporações religiosas, corporações estamentais, corporações profissionais, etc. Segundo ele, "um florescer vital e virulento que impede a condensação intensíssima do Estado".[18]

Com o início da idade moderna, essas relações sociais começaram a se degradar e colocaram em crise toda a estrutura política, econômica e social do feudalismo. Segundo Nicola Matteucci, essa crise do complexo modelo de organização feudal foi motivada por distintos fatores: o crescimento econômico, que favorecia o nascimento das novas classes sociais e o rompimento com o estático equilíbrio da sociedade estamental; a nova cultura humanista, que passou a situar o indivíduo no centro do mundo, tornando-o insensível diante de uma ordem social natural correspondente a uma ordem celeste e o surgimento do Estado, que se afirmou como uma máquina construída racionalmente a partir da formação de seu quadro burocrático.[19]

No entanto, esta transição do medievo para a idade moderna não ocorreu de maneira tranquila. No século XVI, a ordem estabelecida pelo feudalismo entrou em plena decadência, e o fim da unidade da Igreja Católica, a partir da reforma protestante, acabou por agravar ainda mais o quadro de extrema violência. Durante esse período, a Inquisição foi reorganizada principalmente para combater a reforma protestante. Desse modo, segundo o historiador Francisco Bethencourt,[20] entre as justificativas presentes na bula *Licet ab initio*, responsável pela reorganização dos trabalhos do Santo Ofício em Roma, constava a motivação de combater as ameaças constantes de ruptura da unidade da Igreja Católica, alcançada desde o século XI pelas reformas implementadas

---

[18] Cf. GROSSI, Paolo. *O direito entre poder e ordenamento*. Belo Horizonte: Del Rey, 2010, p. 49.

[19] Cf. MATTEUCCI, Nicola. *Organización del poder y liberdad: historia del constitucionalismo moderno*. Madrid: Trotta, 1998, p. 41.

[20] Cf. BETHENCOURT, Francisco. *História das Inquisições: Portugal, Espanha e Itália – séculos XV e XVI*. São Paulo: Companhia das Letras, 2000, p. 27.

Constituição e Poder
LIMITES DA POLÍTICA NO ESTADO DE DIREITO

pelo papa Gregório VII,[21] que, naquele período, procurava fortalecer a autoridade papal e superar a grande fragmentação existente na estrutura organizacional do catolicismo de antanho.

De fato, durante a revolução de 1075, o papa Gregório VII ousou estabelecer a supremacia política e jurídica da Igreja Católica, declarando a independência do clero em relação a qualquer tipo de controle secular. Em concordância com essas transformações implementadas pelo bispo de Roma, a Igreja deixou de se submeter ao imperador e passou a se organizar com mais autonomia política. Todo o seu esforço estava concentrado em alcançar a unidade e a liberdade da Igreja. Harold Berman inclusive chega a afirmar que, "a revolução papal fez surgir o Estado moderno ocidental – cujo primeiro exemplo foi, paradoxalmente, a própria Igreja".[22] Assim, o movimento iniciado por Gregório VII significou uma mudança maciça de poder e autoridade no seio da Igreja Católica Apostólica Romana, reconfigurando completamente suas relações políticas internas e externas.

Contudo, diante da divisão religiosa que começou a ocorrer no final do medievo, diversas facções passaram a se digladiar, deixando a sociedade em uma anarquia generalizada de guerras civis, duelos e assassinatos. De acordo com Reinhart Koselleck, "[...] a pluralização da *Ecclesia Sancta* foi um fermento para a depravação de tudo o que antes era coeso: famílias, estamentos, países e povos".[23] A instabilidade social, criada pelos partidos religiosos e igrejas intolerantes, exigia uma solução capaz de apaziguar essas lutas. Somente um poder político e militar, colocado acima das opiniões dos súditos, teria condições reais para pacificar os homens. Desse modo, a solução elaborada pelos teóricos do Estado absolutista ocorreu no sentido de romper com a prevalência exercida pelas facções religiosas sobre os interesses estatais, partindo da submissão desses diferentes partidos a uma única autoridade soberana,[24] já que, tanto no plano interno, como no plano

---

[21] Cf. LOPES, José Reinaldo de Lima. *O Direito na História: lições introdutórias.* 3ª ed., São Paulo: Max Limonad, 2000, p. 84 – 90. A respeito da reforma gregoriana José Reinaldo afirma que: "Até então, a Igreja do Ocidente havia sido uma comunidade sacramental, espiritual, não jurídica e muito mais uma federação de Igrejas nacionais do que uma rígida monarquia centralizada em Roma. A disciplina comum era muito menos intensa do que se pode imaginar".

[22] Cf. BERMAN, Harold. *Direito e Revolução: a formação da tradição jurídica ocidental.* São Leopoldo: Editora Unisinos, 2006, p 142.

[23] Cf. KOSELLECK, Reinhart. *Crítica e Crise: uma contribuição a patogênese do mundo burguês.* Rio de Janeiro: Eduerj: Contraponto, 1999, p. 21.

[24] Cf. BODIN, Jean. *Los seis libros de la republica.* Madrid: Centro de Estududios Constitucionales, 1992. Foi Jean Bodin que primeiramente definiu o conceito de soberania, elaborando uma verdadeira resposta contra as investidas dos monarcômacos do século XVI. A partir desta definição, o poder soberano não se submeteria a nenhuma outra instituição concorrente dentro ou fora do reino, já que, segundo este conceito criado por Bodin, apenas o soberano possuía

externo, o Estado moderno não reconheceria nenhuma instância superior à ordem estabelecida por ele próprio, sobrepondo a política ao elemento teológico que havia predominado durante um longo período do medievo. Segundo Nicola Matteucci,

> En el quinientos, sin embargo, la paz social no se identifica ya con la recta administración de la justicia por el rey, sino con la necesidad de superar una guerra civil surgida por motivos religiosos. Era necesaria la primacía de la política y del Estado (una unidad superior y neutral), y del orden mundano que éste representaba, sobre sectas religiosas intolerantes que provocaban desordenes en nombre de la primacía de la religión; se necesitaba crear um campo de acción racional en el que todo – de la religión a la economía – fuese juzgado con base en la utilidad del Estado, con base en um frio cálculo racional de las consecuencias de cada acción.[25]

Nesse sentido, o Estado absolutista surgiu para superar a ultrapassada estrutura social e política do medievo, colocando-se em um nível superior em comparação com qualquer instituição existente naquela época, já que a monopolização do poder político e da força militar proporcionou uma maior uniformidade jurídica e administrativa frente às várias formas particularistas de exercício do poder político.[26] Com a formação de um moderno quadro burocrático e um exército regular, o Estado Absolutista transformou-se no único sujeito político com capacidade para regular o comportamento dos indivíduos e das forças sociais, oferecendo melhores condições para a pacificação interna da comunidade política por meio da imposição de seu poder.

Desse modo, a elaboração teórica de Thomas Hobbes em torno da formação e fortalecimento do Estado ajuda a compreender a

---

capacidade para criar e suprimir uma lei, decretar a guerra e tratar a paz, instituir os principais oficiais, julgar em última instância, outorgar perdão aos condenados acima das sentenças e contra o rigor das leis, cunhar moedas, suspender derramas e impostos. No entanto, esta soberania não deve(ria) ser confundida com qualquer forma de governo arbitrário, pois da mesma forma que os súditos estariam sujeitos as leis criadas pelo soberano, o poder soberano sempre estaria sujeito as leis estabelecidas pelo direito natural. Para Bodin, a soberania poderia recair tanto numa multidão (democracia) ou em uma minoria (aristocracia), quanto em um só homem (monarquia), mas sua preferência sempre foi pela monarquia, única forma de governo capaz de derrotar os poderes particularistas existentes no feudalismo e derrotar a teoria concorrente do governo misto, defendida principalmente por escritores protestantes. É importante ressaltar que esse conceito de soberania foi fundamental para o desenvolvimento da filosofia política, tornando-se um conceito central na ciência política e no direito público. A respeito desse autor, ver: CHEVALLIER, Jean-Jacques. *As grandes obras políticas de Maquiavel a nossos dias.* 8ª ed., Rio de Janeiro: Agir, 1999, p. 50 – 64

[25] Cf. MATTEUCCI, Nicola. *Organización del poder y liberdad: historia del constitucionalismo moderno.* Madrid: Trotta, 1998, p. 31.

[26] Cf. MATTEUCCI, Nicola. *Organización del poder y liberdad: historia del constitucionalismo moderno.* Madrid: Trotta, 1998, p. 39 – 40. Matteucci destaca que esta modalidade de Estado, definida como absoluto por seus teóricos, não deve(ria) ser tratada como arbitrária ou despótica, já que prevalecia nela à lógica da racionalidade técnica e não o mero capricho do monarca. O poder do rei era indivisível e incontrolável, mas, ao mesmo tempo, limitado, pois o rei deveria governar e decidir apenas depois de ouvir o parecer dos órgãos institucionais com funções específicas.

conjuntura política desse período. Foi nesse contexto que ele escreveu o *Leviatã*, obra fundamental para o estabelecimento do absolutismo. Considerado hodiernamente como um dos principais teóricos da filosofia política do século XVII, Hobbes teve seu pensamento influenciado grandemente pela insegurança criada pelas guerras religiosas, que, naquela situação, ameaçavam dissolver a incipiente organização estatal inglesa. Ao apresentar uma formulação teórica onde o poder estatal deveria ser exercido de forma absoluta, acima das contradições religiosas, Hobbes não defendeu propriamente uma monarquia arbitrária ou um poder monárquico baseado na teoria tradicional do direito divino,[27] mas, sim, o fortalecimento da organização estatal, para que esta tivesse condições de alcançar o máximo de eficiência na pacificação social, já que, segundo ele, onde não houvesse a imposição do poder estatal seria praticamente impossível a prevalência da lei e da ordem.[28] Seu pensamento foi influenciado fortemente por uma concepção negativa da natureza humana, não no mesmo sentido do pensamento medieval, mas por considerar o homem naturalmente agressivo e belicoso, sempre entregue às paixões e vaidades por glória e poder, o que, segundo ele, justificaria a imposição da política por meio do *Leviatã*, constituída como única instituição com condições de impor a *pax* social.[29] Por isso, numa passagem de sua obra, ele chega a afirmar que:

> O fim último, causa final e desígnio dos homens (que amam naturalmente a liberdade e o domínio sobre os outros), ao introduzir aquela restrição sobre si mesmos sob a qual os vemos viver nos Estados, é o cuidado com sua própria conservação e com uma vida mais satisfeita. Quer dizer, o desejo de sair daquela mísera condição de guerra que é a consequência necessária (conforme se mostrou) das paixões naturais

---

[27] Cf. CHEVALLIER, Jean-Jacques. *As grandes obras políticas de Maquiavel a nossos dias.* 8ª ed., Rio de Janeiro: Agir, 1999, p. 84 – 117. Um dos maiores expoentes da teoria da origem divina do poder monárquico foi Bossuet, no século XVII. Ao falar da origem do governo civil, primeiramente Bossuet partiu da tese aristotélica da natureza política do homem (o homem como animal político), para depois chegar à tese hobbesiana do homem lobo do homem, que, segundo ele, teve origem a partir do acontecimento bíblico do pecado original, praticado por Adão e Eva. Para Bossuet, o pecado original foi o responsável por ter transformado a vida numa verdadeira anarquia, fazendo prevalecer à insociabilidade entre os homens. Desse modo, ele acreditava que apenas com a constituição de um governo civil seria possível garantir o estabelecimento da paz e da segurança. Para melhor cumprir esta função, Bossuet defendeu a monarquia absolutista como a forma mais adequada de governo, já que qualquer tipo de divisão, no exercício do poder, era considerado por ele como o principal mal dos Estados. Assim, esta forma de governo defendida por Bossuet, estava fundamentada inteiramente na sagrada escritura, com os monarcas reconhecidos como verdadeiros ministros de Deus, ao deter todo poder necessário a manutenção da ordem e da paz social.

[28] Cf. HOBBES, Thomas. *Leviatã ou Matéria, forma e poder de um estado eclesiástico e civil.* 2ª ed., São Paulo: Abril Cultural, 1979, p. 77.

[29] Cf. MARCONDES, Danilo. *Iniciação à história da filosofia: dos pré-socráticos a Wittgenstein.* 5ª ed., Rio de Janeiro: Jorge Zahar Editor, 1997, p. 197 – 199.

dos homens, quando não há um poder visível capaz de os manter em respeito, forçando-os, por medo do castigo, ao cumprimento de seus pactos e ao respeito àquelas leis da natureza [...].[30]

Durante o século XVII, período em que Hobbes se dedicou a refletir e a elaborar respostas para os problemas que afetavam o estabelecimento do poder estatal, a Inglaterra passava por diversos conflitos sociopolíticos, dominados principalmente por duas vertentes: as disputas entre o rei e os tribunais e, ao mesmo tempo, as disputas entre o rei e o parlamento. No primeiro caso, Edward Coke e Thomas Hobbes produziram um importante debate acerca das tentativas dos reis Jaime I e Carlos I (da dinastia Stuart) de impor aos juízes a preeminência de suas prerrogativas reais contra o direito do *Common Law*. Dessa maneira, em defesa das prerrogativas reais, Hobbes combateu as principais ideias de Coke, afirmando a exclusividade do soberano no momento de pôr o direito.[31] No segundo caso, o conflito era motivado principalmente por uma forte disputa política entre a prerrogativa do rei (que a dinastia Stuart procurava estender cada vez mais) e o incipiente poder de legislar exercido pelo parlamento, que, nesse contexto, começava a se colocar como um autêntico representante da nação, não aceitando as investidas do monarca contra a sua esfera de atuação.

Foi nessa conjuntura que o *Leviatã* nasceu, produzido pela razão[32] e construído artificialmente por indivíduos que buscavam preservar o maior bem existente entre os homens, que é a vida, já que, segundo Hobbes: "[...] durante o tempo em que os homens vivem sem um poder comum capaz de mantê-los a todos em respeito, eles se encontram naquela condição a que se chama guerra; e uma guerra que é de todos os homens contra todos os homens".[33] Por isso, ao contrário de

---

[30] Cf. HOBBES, Thomas. *Leviatã ou Matéria, forma e poder de um estado eclesiástico e civil.* 2ª ed., São Paulo: Abril Cultural, 1979, p. 103.

[31] Cf. BOBBIO, Norberto. *O Positivismo Jurídico: lições de filosofia do direito.* São Paulo: Ícone, 2006, p. 33. Na Inglaterra o direito do *Common Law* acabou tomando a primazia sobre o direito estatutário. Assim, segundo Norberto Bobbio, "[...] o rei, ao exercer a *jurisdictio* (através de seus juízes) era obrigado a aplicar o *common law*; esta última, portanto, limitava o poder do soberano. Isto explica por que a monarquia inglesa nunca deteve um poder ilimitado (diferentemente das monarquias absolutas continentais), porque na Inglaterra fora desenvolvida a separação dos poderes (transferida depois na Europa graças à teorização executada por Montesquieu) e porque tal país é a pátria do liberalismo (entendido como a doutrina dos limites jurídicos do poder do Estado)".

[32] Cf. STRECK, Lenio Luiz. *Hermenêutica Jurídica e(m) Crise.* 10ª ed., Porto Alegre: Livraria do Advogado, 2011, p. 167. De acordo com Lenio, o *Leviatã* hobbesiano está envolvido numa postura voluntarista própria da modernidade e, por isso, ele chega a afirmar que: "[...] em síntese, é o triunfo da vontade humana, questão que se perceberá no contrato de Hobbes, em que é a vontade dos homens que faz com que consigam vencer a barbárie".

[33] Cf. HOBBES, Thomas. *Leviatã ou Matéria, forma e poder de um estado eclesiástico e civil.* 2ª ed., São Paulo: Abril Cultural, 1979, p. 75.

Constituição e Poder
LIMITES DA POLÍTICA NO ESTADO DE DIREITO

Aristóteles,[34] Hobbes não apresentou a sociedade política como uma organização natural (do homem como animal político), mas sim como fruto de um pacto voluntário, racionalmente estabelecido pelos homens. Nesse sentido, Hobbes afirmava que:

> [...] pela arte é criado aquele grande *Leviatã* a que se chama *Estado*, ou *Cidade* (em latim *Civitas*), que não é senão um homem artificial, embora de maior estatura e força do que o homem natural, para cuja proteção e defesa foi projetado. E no qual a *soberania* é uma alma artificial, pois dá vida e movimento ao corpo inteiro; [...] a *justiça* e as *leis*, uma *razão* e uma *vontade* artificiais; a *concórdia* é a *saúde*; a *sedição* é a *doença*; e a *guerra civil* é a *morte*.[35]

Destarte, toda essa problemática da dissolução do poder estatal, presente na Inglaterra e em outras regiões da Europa, foi fundamental para a elaboração do Estado *Leviatã*, uma organização política produzida pela razão e constituída de acordo com a vontade dos homens amedrontados pela violência daquele tempo. Segundo Hobbes, esse ambiente de guerra generalizada, chamado por ele de estado de natureza,[36] deixava todos os homens completamente impedidos de realizar qualquer atividade que servisse ao seu próprio desenvolvimento, já que a insegurança e o constante risco de perder a vida se apresentavam como forte obstáculo à concretização de qualquer empreendimento humano. Desse modo, a sua construção teórica se preocupou essencialmente com a antítese existente entre a unidade em torno de um único poder soberano e a anarquia social, presente nos lugares

---

[34] Cf. REALE, Giovane; ANTISERI, Dario. *História da Filosofia. I: do Romantismo até nossos dias.* São Paulo: Paulus, 1990, p. 208. Para Aristóteles a sociedade política era um fato natural, pois o homem era apresentado por ele como um animal político naturalmente sociável. Assim, a respeito de Aristóteles e do pensamento político da Grécia antiga, Giovane Reale e Dario Antiseri afirmam que: "O bem do indivíduo é da mesma natureza que o bem da Cidade, mas este 'é mais belo e mais divino' porque se amplia da dimensão do privado para a dimensão do social, para a qual o homem grego era particularmente sensível, porquanto concebia o indivíduo em função da Cidade e não a Cidade em função do indivíduo. Aristóteles, aliás, dá a esse modo de pensar dos gregos uma expressão paradigmática, definindo o próprio homem como 'animal político' (ou seja, não simplesmente como animal que vive em sociedade, mas como animal que vive em sociedade politicamente organizada) [...]".

[35] Cf. HOBBES, Thomas. *Leviatã ou Matéria, forma e poder de um estado eclesiástico e civil.* 2ª ed., São Paulo: Abril Cultural, 1979, p. 5.

[36] Cf. BOBBIO, Norberto. *Thomas Hobbes.* Rio de Janeiro: ed. Campus, 1991, p. 36. É importante ressaltar que o estado de natureza foi uma metáfora utilizada por Thomas Hobbes para retratar a instabilidade política e a situação de insegurança presentes em certos ambientes sociais. Desse modo, o estado de natureza poderia ser encontrado em três situações: numa sociedade pré-estatal, presente principalmente em sociedades primitivas; numa sociedade antiestatal, presente em sociedades onde o Estado já existe, mas, diante de uma situação de guerra civil, encontra-se gravemente fragilizado; e numa sociedade interestatal, que ocorre no plano internacional, já que os Estado não estariam submetidos a um poder comum. Para Norberto Bobbio, esse estado de natureza não passava de uma hipótese da razão. Assim, segundo ele: "O que Hobbes quer dizer, falando de 'guerra de todos contra todos', é que, sempre onde existirem as condições que caracterizam o estado de natureza, este é um estado de guerra de todos os que nele se encontrarem".

onde o poder se encontrava completamente fragmentado. A dissolução da autoridade do Estado e a fragmentação do poder apareciam em Hobbes como questões prejudiciais para a boa formação da sociedade política. Por isso, apenas a instituição de um poder comum seria capaz de salvar os indivíduos de sua própria destruição.

Nesse sentido, a modernidade apresentou o *Leviatã* para pacificar as relações sociais e permitir que a política se sobrepusesse a todas as contradições sociais existentes naquele tempo. Foi por meio dessa imposição que o Estado passou a submeter todas as formas de poder existentes no regime feudal, fazendo com que a nova ordem pública e o direito passassem a ser instituídos somente pela política, num claro rompimento com a antiga concepção medieval que fundamentava toda ordem jurídica em sua origem divina. Assim, a relação entre o direito e a política foi completamente alterada pela modernidade, e o Estado passou a conferir todo o conteúdo e validade do direito por meio da superação da fundamentação teológica. Esse foi o momento em que o direito e todas as outras ordens estabelecidas pelo regime feudal tiveram que se submeter à política, para que o Estado tivesse condições de superar as ordens particularistas de poder e as guerras causadas pelo grande cisma da Igreja Católica. Desse modo, se no início da modernidade a imposição do poder político mostrou-se fundamental para a formação do Estado absolutista; mais tarde, com o surgimento do constitucionalismo moderno, o problema da atuação arbitrária do poder político passou a ser enfrentado com maior vigor pelos movimentos revolucionários.[37]

1.2. A relação entre o direito e a política a partir do constitucionalismo moderno

A limitação do poder político ganhou força principalmente a partir do constitucionalismo moderno. Ao contrário do Estado abso-

---

[37] Cf. CAENEGEM, Raoul van. *Juízes, Legisladores e Professores*. Rio de Janeiro: Elsevier, 2010, p. 21 – 22. É importante ressaltar que a questão da limitação do poder político não apareceu somente na modernidade. De acordo com Caenegem, a ideia jusnaturalista de uma "lei" superior aos governantes foi fundamental para o enfrentamento dessa questão na antiguidade e no medievo. Nesse sentido, ele afirma que, "Na antiguidade grega, há uma referência às 'leis não escritas', de resto indefinidas, invocadas por Antígona contra um decreto desumano do rei Creonte. Na idade média, o *jus divinum* erguia-se acima de todos os decretos humanos e era o princípio orientador universal, muito acima das leis que 'eram feitas de manhã e desfeitas à tarde'". No entanto, o mesmo autor destaca duas falhas fatais no jusnaturalismo professado nesse período, como a falta de uma definição mais precisa do conteúdo dessas "leis superiores" e, também, a completa ausência de tribunais de justiça com autoridade suficiente para a aplicação desse direito natural. Para ele, "Apenas Estados modernos, a começar pelo exemplo americano, solucionaram este duplo problema definindo os direitos e princípios fundamentais e inalienáveis em princípios redigidos com precisão em constituições escritas e colocando o legislador sob a supervisão dos juízes, cuja tarefa é salvaguardar a constitucionalidade das leis aprovadas".

Constituição e Poder
LIMITES DA POLÍTICA NO ESTADO DE DIREITO

lutista – onde a política teve que se sobrepor ao direito para superar o problema das guerras religiosas –, os movimentos revolucionários dos séculos XVII e XVIII ficaram marcados fundamentalmente pela luta contra o despotismo praticado pelo poder político. Desse modo, tanto na Europa, com os revolucionários ingleses e franceses lutando contra o absolutismo, quanto na experiência estadunidense, forjada na guerra de independência contra a Inglaterra, é possível encontrar importantes elaborações teóricas para conter as arbitrariedades praticadas no âmbito da política.[38] Para limitar os excessos cometidos pelo poder político, os movimentos revolucionários perceberam que as funções legislativa, executiva e judicial não poderiam continuar concentradas numa única pessoa ou instituição – como ocorria nos tempos do absolutismo, quando os monarcas acumulavam simultaneamente as atividades do *gubernaculum* e da *jurisdictio*. A partir do constitucionalismo moderno, a limitação do poder político teve que passar inevitavelmente por uma maior separação entre os Poderes do Estado (Legislativo, Judiciário e Executivo). Assim, sem um entendimento mais preciso da reconfiguração institucional pela qual as experiências constitucionais inglesa, estadunidense e francesa passaram nos séculos XVII e XVIII, fica prejudicado qualquer entendimento a respeito da importância do Poder Judiciário para a consolidação da autonomia do direito, pois, em concordância com Harold Berman, "[...] a vitalidade da experiência histórica é sempre o ponto de partida tomado por todos os que se propõem a solucionar os problemas do presente e do futuro".[39]

Nesse sentido, a partir das disputas políticas ocorridas na Inglaterra do século XVII, o constitucionalismo moderno começou a operar importantes mudanças institucionais para limitar o poder político exercido pelo monarca. Diferentemente da Europa continental, os ingleses já haviam alcançado uma precoce centralização administrativa durante o medievo, determinada pela primitiva conquista militar normanda, pela modesta extensão territorial do país e pela inexistência

---

[38] Cf. MATTEUCCI, Nicola. *Organización del poder y liberdad: historia del constitucionalismo moderno*. Madrid: Trotta, 1998, p. 27 – 28. Para ressaltar a aproximação destas três experiências constitucionais na defesa das liberdades e no enfrentamento contra o exercício arbitrário do poder político, Matteucci afirma que, "[...] la historia constitucional de cada nación diverge de las otras y tiene características proprias, aunque sobre el terreno de los grandes principios el constitucionalismo se presenta bastante unitario y fácilmente identificable, ya que los principios conquistados en esas crisis o en esas revoluciones se difunden y se convierten en patrimonio común. La historia del constitucionalismo moderno podría escribirse tomando la 'difusión' de estos principios legales de Francia a Inglaterra, de Inglaterra a América, de Inglaterra y América a Francia".

[39] Cf. BERMAN, Harold. O fundamento histórico do direito americano. In: *Aspectos do direito americano*. Rio de Janeiro: ed. Forense, 1963, p. 21.

de potentados territoriais e cidades semi-independentes.[40] Por outro lado, juntamente com essa precoce centralização monárquica, os ingleses desenvolveram um tipo complementar de representação da aristocracia, que começava a se organizar numa espécie de Parlamento para votar apenas a ajuda econômica e militar prestada ao monarca. É preciso destacar que a existência desse órgão não constituía uma peculiaridade nacional, já que em diversos lugares da Europa continental também eram encontradas instituições representativas dos interesses aristocráticos. No entanto, diferentemente do continente, os ingleses possuíam apenas um órgão representativo. Desse modo, o desenvolvimento precoce da centralização monárquica paradoxalmente gerou um Parlamento unitário entre os ingleses, que, consequentemente, acabou se transformando em um importante instrumento de limitação negativa das prerrogativas reais.

Mais tarde, quando a dinastia Stuart buscou a concretização dos ideais da realeza absolutista – que, naquela época, havia se transformado numa regra comum em todas as cortes da Europa ocidental –, a ideia de um direito fundamental, superior à prerrogativa do rei, começou a ganhar força entre os membros da aristocracia. Entre 1603 e 1640, o reino ficou dividido fundamentalmente em três posições: os defensores da prerrogativa do rei; os fautores do direito estatutário; e os defensores do *Common Law*. Naquilo que interessa para os objetivos deste trabalho, é interessante analisar a defesa do *Common Law* feita por Edward Coke. Em oposição às investidas centralizadoras da monarquia inglesa, patrocinadas pela dinastia Stuart, Coke ressaltava a importância da atuação dos juízes para a limitação do poder político, afirmando que estes deveriam se portar como verdadeiros leões na proteção dos direitos dos cidadãos, ao interpretarem de maneira mais restritiva as prerrogativas régias.[41] Ao mesmo tempo, Coke

---

[40] Cf. RIBEIRO, Renato Janine. *Ao leitor sem medo: Hobbes escrevendo contra seu tempo*. São Paulo: Brasiliense, 1984, p. 134. Apesar do forte movimento de centralização política que ocorreu no século XVI, o termo absoluto, aplicado ao monarca deste período, ainda não se encontrava completamente livre das restrições legais existentes naquela época. Foi apenas com a ascensão da dinastia Stuart, a partir do século XVII, que o termo absoluto passou a qualificar um poder exercido de forma soberana pelo monarca, que, neste período, buscava se colocar acima do parlamento. Assim, segundo Renato Janine Ribeiro: "A prerrogativa fora, sob os Tudor, uma reserva ampla de poder à disposição do rei, conferindo-lhe o arbítrio necessário a executar as leis, a definir uma política, a agir com presteza. Com os Stuart este importante resíduo transforma-se em *fonte* do poder: a prerrogativa fundamenta o que agora se chama poder *absoluto* do rei".

[41] Cf. BOBBIO, Norberto. *O Positivismo Jurídico: lições de filosofia do direito*. São Paulo: ed. Ícone, 2006, p. 33. Na Inglaterra o direito do *Common Law* acabou tomando a primazia sobre as prerrogativas reais. Assim, segundo Norberto Bobbio, "[...] o rei, ao exercer o *jurisdictio* (através de seus juízes) era obrigado a aplicar o *common law*; esta última, portanto, limitava o poder do soberano. Isto explica por que a monarquia inglesa nunca deteve um poder ilimitado (diferentemente das monarquias absolutas continentais), porque na Inglaterra fora desenvolvida a separação

deixou uma importante contribuição para a moderna instituição do controle de constitucionalidade, ao afirmar que os juízes do *Common Law* deveriam regular e controlar todos os atos do parlamento contrários ao direito e a razão comum. A partir do momento em que o Parlamento começou a se converter em órgão legislativo, Coke percebeu a necessidade de transferir a função judicial do Alto Tribunal – dominado totalmente pelo Parlamento – para os Tribunais controlados majoritariamente pelos juízes do *Common Law*.

Desse modo, para que o Poder Judiciário tivesse condições de submeter o poder político ao direito, Coke já havia percebido a necessidade de afastar todos os elementos políticos da função judicial, por meio da defesa de um projeto constitucional capaz de estabelecer a autonomia dos juízes do *Common Law* frente às atuações do Poder Executivo e do Poder Legislativo. Assim, Edward Coke apresentou uma proposta constitucional profundamente inovadora, sustentando a prevalência do *Common Law* tanto na relação com as prerrogativas do rei, quanto na relação com o direito estatutário produzido no âmbito do Parlamento.[42]

Tudo isso pode ser percebido na famosa decisão prolatada pelo juiz Coke no *Bonham's case*. Esse processo, que ocorreu no ano de 1605, foi responsável por uma sentença muito comentada pela comunidade jurídica e acabou servindo como um importante precedente da moderna instituição do controle de constitucionalidade. O caso do médico Thomas Bonham teve origem numa disputa judicial com a instituição responsável pela concessão de licença para a prática da medicina. Na verdade, o Colégio de Médicos da Inglaterra havia recebido autorização do Parlamento para controlar e fiscalizar a profissão de médico, tendo inclusive o poder de apenar com a prisão a todos os infratores que exercessem a medicina sem licença ou fizessem mau uso dela. Thomas Bonham era formado em medicina pela Universidade de Cambridge e após ter seu pedido de licença rejeitado, acabou detido pelo Colégio por exercer a profissão irregularmente. Diante desse caso, o juiz Coke tomou uma decisão fundamental para a afirmação da supremacia do *Common Law*, ao estabelecer que a lei do Parlamento, que autorizava o Colégio a exercer todas aquelas funções, era contraditória e absurda por permitir que uma mesma instituição assumisse simultaneamente a condição de juiz e parte no processo. Por esse

---

dos poderes (transferida depois na Europa graças à teorização executada por Montesquieu) e porque tal país é a pátria do liberalismo (entendido como a doutrina dos limites jurídicos do poder do Estado)".

[42] Cf. STRECK, Lenio Luiz. *Jurisdição Constitucional e Hermenêutica: uma nova crítica do direito*. 2ª ed., Rio de Janeiro: Forense, 2004, p. 305 – 306.

caminho, Edward Coke demonstrou que os atos do Legislativo também deveriam se submeter ao *Common Law*. De acordo com Georges:

> Coke destaca a existência de um direito superior à lei do Parlamento e que estaria contido na própria historicidade, dado que uma lei tem validade formal quando deriva do Parlamento. Contudo, esta somente adquire validade substancial, quando é racional, e o controle de seu conteúdo corresponde aos juízes do *common law*.[43]

Após a Revolução Gloriosa de 1688, vingou na Inglaterra a doutrina da supremacia do Parlamento. No entanto, as ideias de Edward Coke foram fundamentais para o constitucionalismo estadunidense. Segundo García de Enterría, "los constituyentes norteamericanos enlazan, de manera directa, justamente con esa tradición del juez Coke, que es constantemente utilizada en las fuentes, como es bien conocido".[44] Certamente, com base na criação da *judicial review*, a experiência estadunidense foi capaz de aperfeiçoar as principais posições defendidas por Coke na tradição jurídica do *Common Law*, ao construir mecanismos judiciais para impedir que a violação da Constituição acontecesse tanto na atuação do Poder Executivo, quanto nas condutas irresponsáveis do Poder Legislativo.[45] Nesse aspecto, no momento em que os juízes estadunidenses estabeleceram o controle jurisdicional dos atos políticos – ficando famosa a decisão do juiz Marshall no caso Marbury v. Madison (1803) –, o Poder Judiciário foi colocado na posição de defensor da supremacia constitucional contra os possíveis avanços arbitrários que o poder político poderia realizar nessa nova concepção de governo,[46] que, nas palavras de Matteucci,

> [...] en el diverso papel del poder judicial, el cual, según Montesquieu, solamente debe aplicar la ley, mientras que para los americanos debe garantizar la constitución contra una ley ilegal, y es, por tanto, bajo ciertos aspectos, superior y no inferior al poder legislativo. Esto, y no el Estado mixto, garantizava um gobierno de leyes y no de hombres.[47]

---

[43] Cf. ABBOUD, Georges. *Jurisdição Constitucional e Direitos Fundamentais*. São Paulo: Revista dos Tribunais, 2011, p. 348.

[44] Cf. ENTERRÍA, Eduardo García de. *La Constitución como norma y el Tribunal Constitucional*. Madrid: Civitas, 1985, p. 125.

[45] Cf. CAENEGEM, Raoul van. *Juízes, Legisladores e Professores*. Rio de Janeiro: Elsevier, 2010, p. 61. É por esse motivo que Caenegem afirma que, "Nos Estados Unidos, o papel dos juízes é absoluto, já que eles (e não apenas os da Suprema Corte) são os árbitros finais da constitucionalidade das leis".

[46] Cf. TOCQUEVILLE, Alexis de. *A democracia na América*. Belo Horizonte: ed. Itatiaia, 1962, p. 85. Nesse sentido, Tocqueville afirma que, "Encerrado dentro dos seus limites, o poder atribuído aos tribunais americanos de pronunciar-se sobre a inconstitucionalidade das leis forma ainda uma das barreiras mais poderosas que jamais se elevaram contra a tirania das assembleias políticas".

[47] Cf. MATTEUCCI, Nicola. *Organización del poder y libertad: historia del constitucionalismo moderno*. Madrid: Trotta, 1998, p. 208 – 209.

Constituição e Poder
LIMITES DA POLÍTICA NO ESTADO DE DIREITO

Influenciado fundamentalmente pelo direito inglês,[48] o constitucionalismo estadunidense sempre esteve alicerçado na tutela das liberdades do *due processo of law* e também no binômio *liberty and property*. Assim, Lenio Streck afirma que:

> [...] embora caudatário do modelo do *Common Law* originário do colonizador inglês, os Estados Unidos adotaram um modelo de Constituição rígida, onde esta aparece como lei fundante/fundamental, a começar pelo próprio texto que a define como "*supreme law of the land*".[49]

Nesse sentido, é possível afirmar que esta experiência se consagrou como uma postura historicista, individualista e antiestatalista dos direitos e liberdades, já que a revolução estadunidense se deu principalmente contra a atuação de um Parlamento que constantemente desconsiderava todo o patrimônio histórico de direitos e liberdades dos colonos, interferindo em suas propriedades sem antes considerar a opinião política de seus órgãos representativos. Por esse motivo, após a conquista da independência, os ex-colonos elaboraram diversos mecanismos constitucionais para impedir que os poderes constituídos viessem a repetir o histórico de violações praticadas pelo Parlamento inglês. Ao confiar a proteção dos direitos e liberdades a uma Constituição rígida e, ao mesmo tempo, demonstrar grande desconfiança com relação às virtudes do legislador, é possível perceber uma influência muito maior de John Locke do que das ideias democrático-radicais de Rousseau, que, um pouco mais tarde, acabariam por influenciar muito mais a experiência constitucional da revolução francesa.[50]

Assim, se na Europa os conflitos religiosos haviam exercido um papel fundamental para a formação das tradições constitucionais de diversos países; no caso dos Estados Unidos, o estabelecimento de uma convivência "pacífica" entre as diversas crenças, o ideal de liberdade religiosa e a influência teórica do iluminismo europeu foram capazes de proporcionar uma "posição privilegiada" para a formação

---

[48] Cf. BERMAN, Harold. O fundamento histórico do direito americano. In: *Aspectos do direito americano*. Rio de Janeiro: ed. Forense, 1963, p. 12 – 13. Harold Berman considera que a origem do direito estadunidense deve ser buscada nos primórdios da história inglesa, mais precisamente a partir de Henrique II, rei da Inglaterra e da Normandia, na segunda metade do século XII. Segundo ele, este monarca foi responsável por estabelecer a primeira Corte Suprema na Inglaterra, formada por juízes que estavam sujeitos a um sistema racional de processo judicial. Dessa forma, ele afirma que: "as decisões dos juízes das Cortes e os livros escritos sobre o Direito Natural Inglês nos séculos XII e XIII, de modo algum descrevem o Direito Americano como ele funciona atualmente; no entanto, refletem os conceitos e os processos jurídicos que ainda vigoram".

[49] Cf. STRECK, Lenio Luiz. *Jurisdição Constitucional e Hermenêutica: uma nova crítica do direito.* 2ª ed., Rio de Janeiro: Forense, 2004, p. 331.

[50] Cf. FIORAVANTI, Maurizio. *Los derechos fundamentales: apuntes de historia de las constituciones.* Madrid: Trotta, 2003, p. 75 – 95.

da sua tradição constitucional.[51] Com base nessas especificidades, é possível ressaltar certo pioneirismo na engenharia constitucional estadunidense, no que tange principalmente à ideia de supremacia constitucional e aos mecanismos de controle do poder político exercidos no âmbito do Poder Judiciário.

Destarte, após o término da guerra de independência, o maior desafio dos Estados Unidos foi impedir que as treze ex-colônias caíssem numa fragmentação política desastrosa, capaz de colocar em risco sua própria liberdade frente à atuação das potências europeias – algo parecido com o que acabou acontecendo mais tarde no processo de independência da América Latina. Para isso, o constitucionalismo estadunidense foi obrigado a inovar completamente na sua organização institucional. Criou uma república federativa num período em que o regime monárquico prevalecia em toda a Europa, oferecendo a resposta mais adequada às condições sociopolíticas que se apresentaram após o encerramento dos conflitos armados. É por esse motivo que a atuação da Suprema Corte se deu principalmente como fiscal e árbitro dos possíveis conflitos entre a União e os Estados Federados, preservando a unidade política e jurídica do novo Estado.

Por conseguinte, ao mesmo tempo em que o constitucionalismo estadunidense garantiu a formação de um governo central forte, com capacidade para assegurar a unidade política das ex-colônias – e para isso o Poder Judiciário foi extremamente importante –, por outro lado os estados asseguraram certa autonomia para legislar e exercer sua própria administração pública frente ao poder da União. Desse modo, em vez da supremacia do Poder Legislativo – como ocorreu no século XVII com o constitucionalismo inglês – o constitucionalismo estadunidense apostou na atuação do Poder Judiciário para limitar a atuação do poder político e, ao mesmo tempo, assegurar a unidade política das treze ex-colônias.

Ao contrário dos Estados Unidos, no constitucionalismo francês coube ao Poder Legislativo ocupar um papel de maior predominância na relação institucional com os demais Poderes, evitando que o direito – por meio da supremacia constitucional e da atuação do Poder Judiciário – viesse a controlar de forma mais eficiente os excessos praticados no âmbito do poder político. Sem embargo, ao contrário da experiência estadunidense, o constitucionalismo produzido na França revolucionária ficou marcado pela falta de rigidez, causada principal-

---

[51] Cf. TOMAZ DE OLIVEIRA, Rafael. A constituição e o estamento: contribuições à patogênese do controle difuso de constitucionalidade brasileiro. In. BARRETO, Vicente de Paulo; CULLETON, Alfredo Santiago; STRECK, Lenio Luiz. *20 Anos de Constituição: os direitos humanos entre a norma e a política*. São Leopoldo – RS: ed. Oikos, 2009, p. 228.

mente pela grande instabilidade política.[52] De fato, diante da necessidade de avançar na completa destruição do antigo regime – por meio do chamado processo revolucionário –, o pensamento democrático-radical atacava qualquer projeto que buscasse aumentar a rigidez constitucional, oferecendo aos constituintes e, mais tarde, aos legisladores, condições privilegiadas para que modificassem as diversas Constituições elaboradas nesse período. De acordo com a visão dos revolucionários, qualquer impedimento constitucional poderia prejudicar a concretização de programas políticos contrários a "velha" ordem absolutista. Desse modo, por considerar pernicioso tudo aquilo que estivesse minimamente identificado com a antiga estrutura de poder, os revolucionários passaram a se colocar na posição de inauguradores de um verdadeiro movimento de libertação contra todo o tipo de tirania presente no antigo regime.

Em face desses condicionantes históricos, primeiramente, os revolucionários procuraram limitar a atuação do monarca, para depois extirpá-la por meio da total transferência do poder soberano para a nação francesa – corporificada na *volonté de la majorité* que se manifestava no Parlamento. Desse modo, o constitucionalismo francês tomou um rumo bem diferente da experiência estadunidense – que estava baseada na ideia de supremacia constitucional – e acabou apostando no fortalecimento de outra esfera política para superar as arbitrariedades praticadas pelo absolutismo.[53] Assim, os revolucionários (conservadores e radicais) se preocuparam apenas em limitar uma instância da política – a monarquia absolutista – e acabaram deixando de fora o controle constitucional da atividade legislativa.

Ao elevar o Poder Legislativo a uma posição de predominância na relação com os demais Poderes, consequentemente os revolucionários acabaram destinando um papel insignificante aos juízes, identificados por eles com a antiga estrutura de poder que buscavam derrubar.[54] Por esse motivo, no momento mais radical da revolução,

---

[52] Cf. HOBSBAWM, Eric John. *A era das revoluções: 1789 – 1848.* 25ª ed., São Paulo: Paz e Terra, 2011, p. 99. Nesse sentido, para ressaltar a radicalidade da revolução francesa, o historiador marxista Eric Hobsbawm afirma que: "Não é um fato meramente acidental que os revolucionários americanos e os jacobinos britânicos que emigraram para a França devido as suas simpatias políticas tenham sido vistos como moderados na França. Tom Paine era um extremista na Grã-Bretanha e na América; mas em Paris ele estava entre os mais moderados dos girondinos".

[53] Cf. MIRANDA, Jorge. *Teoria do Estado e da Constituição.* Rio de Janeiro: ed. Forense, 2007, p. 102.

[54] Cf. ENTERRÍA, Eduardo García de. *La Constitución como norma y el Tribunal Constitucional.* Madrid: Civitas, 1985, p. 165. Nesse sentido, para sustentar a superioridade de um regime assembleário os revolucionários franceses afirmavam que, "[...] el Derecho es prevalentemente un instrumento de conservación y no de transfomación; el Tribunal Constitucional se presenta, en nombre de una legitimidad superior, como un dique contra la mutación profunda que solo las

a carreira profissional de magistrado chegou a desaparecer completamente, sendo substituída por juízes eletivos que, na maioria das vezes, não possuíam nenhuma qualificação profissional para desempenhar suas respectivas funções. É nesse sentido que Raoul van Caenegem considera pífia a contribuição dos juízes no desenvolvimento do constitucionalismo francês. Segundo ele, "[...] a revolução os reduzira ao papel passivo das famosas *'bouches de la loi'*, um tipo autômato que apresentava os textos do direito aplicáveis a qualquer caso dado, meramente repetindo o que o legislador dissera".[55] E para isso a codificação foi extremamente importante, pois reduzia o papel dos juízes a meros reprodutores de toda a vontade que os legisladores expressavam por meio dos códigos.[56] Desse modo, no lugar da supremacia constitucional, coube à França a supremacia dos códigos.

Diante da ascensão política da burguesia, fez-se necessária a elaboração de um corpo de normas sistematicamente organizadas e expressamente elaboradas, com capacidade para garantir uma maior segurança jurídica no desenvolvimento das relações capitalistas. Nesse período, a burguesia buscava a superação da fragmentação jurídica existente na França, convicta de que haveria um legislador universal com capacidade para aprovar as leis válidas para todos os tempos e lugares, em oposição ao momento anterior à codificação, dominado por uma multiplicidade de direitos limitados territorialmente – ao Norte vigoravam *droit coutumier*, enquanto no Sul prevalecia o *droit écrit*. Desse modo, a elaboração do Código Civil francês, em 1804, foi resultado de uma cultura racionalista – fortemente influenciada pelo movimento iluminista – que buscava substituir a multiplicidade e a complicação do direito por algo mais simples e unitário.[57] A partir do movimento codificador, a lei foi transformada no único instrumento jurídico capaz de resolver e abarcar todos os fatos sociais, reduzindo o ato interpretativo a uma análise meramente sintática.[58] E isso serviu

---

Cámaras pueden emprender; es un colegio aristocrático y frio opuesto a unas Cámaras pretendidamente irracionales, apasionadas, improvisadoras, en desprecio de la única legitimidad que una democracia tolera, la representación de la voluntad del pueblo".

[55] Cf. CAENEGEM, Raoul van. *Juízes, Legisladores e Professores*. Rio de Janeiro: Elsevier, 2010, p. 63.

[56] Cf. CAENEGEM, Raoul van. *Uma introdução histórica ao direito privado*. São Paulo: Martins Fontes, 2000, p. 171.

[57] Cf. BOBBIO, Norberto. *O Positivismo Jurídico: lições de filosofia do direito*. São Paulo: Ícone, 2006, p. 64 – 67.

[58] Cf. WARAT, Luis Alberto. *Introdução Geral ao Direito II*. Porto Alegre: Editor Sergio Antonio Fabris, 1995, p. 17. Nesse sentido, Luis Alberto Warat afirmava que, "[...] a primeira etapa (do positivismo jurídico) compreende a época da conceitualização dos textos legais. Esta se baseia no pressuposto de que não há mais direito que o ordenamento jurídico estabelecido através das leis validamente ditadas e vigentes".

fundamentalmente para fazer com que o papel desempenhado pelos juízes fosse reduzido a um ato passivo e mecânico.[59]

Assim, após analisar as principais experiências constitucionais dos séculos XVII e XVIII, é possível perceber que nos casos onde o Poder Judiciário alcançou uma posição de maior predominância institucional, simultaneamente o direito assumiu um maior controle do poder político. E esta posição ganhou força fundamentalmente nos projetos constitucionais elaborados pela Inglaterra, de Edward Coke, e nos Estados Unidos após a guerra de independência. Nestes dois casos, os juízes receberam a função institucional de controlar os atos do Executivo e do Legislativo, impedindo que os respectivos Poderes tivessem condições de violar o direito. E isso foi extremamente importante para que Edward Coke defendesse a superioridade do *Common Law* entre os ingleses e os Estados Unidos criassem a ideia de supremacia constitucional. Sem o fortalecimento do papel institucional exercido pelo Poder Judiciário, estes dois projetos constitucionais teriam as mesmas debilidades que o constitucionalismo francês acabou apresentando quando apostou na *volonté générale*.

Diferentemente de Coke e do constitucionalismo estadunidense, os revolucionários franceses enfrentaram as arbitrariedades da monarquia absolutista por meio do fortalecimento do Parlamento. Acreditavam que somente a vontade da maioria poderia controlar um governo autoritário, mas não perceberam que um Parlamento descontrolado também poderia se comportar de maneira despótica. Por conseguinte, ao rejeitar toda a estrutura de poder vinculada ao antigo regime – e os juízes eram vistos como aliados do absolutismo –, os revolucionários franceses acabaram por conceder um papel secundário ao Poder Judiciário. Desse modo, os projetos constitucionais que mais favoreceram o controle do poder político nos séculos XVII e XVIII foram aqueles que iniciaram um certo controle jurisdicional dos atos praticados pelos Poderes Executivo e Legislativo, encontrados principalmente nas posições de Edward Coke e no controle de constitucionalidade estabelecido pelos Estados Unidos.

---

[59] Cf. VIANNA, Luiz Werneck; BURGOS, Marcelo Baumann; CARVALHO, Maria Alice Rezende de; MELO, Manuel Palacios Cunha. *Corpo e Alma da Magistratura Brasileira*, 3ª ed., Rio de Janeiro: Revan, 1997, p. 36. De acordo com Vianna, no início da formação do Estado Liberal de Direito, logo nos primeiros momentos da Revolução Francesa, o Poder Judiciário recebeu a tarefa de apenas funcionar como a "boca inanimada da lei", já que lhe cabia a simples função de apenas aplicar as leis aprovadas pelos representantes do povo. Mais tarde, com a institucionalização da Revolução, a magistratura foi constituída como cargo burocrático do Estado, "concebendo-se o Judiciário como personagem sem rosto da ordem racional-legal do Estado de Direito, capaz de garantir previsibilidade à reprodução do mundo mercantil e certeza jurídica na administração do direito".

1.3. A importância dos Tribunais Constitucionais para o fortalecimento da supremacia constitucional

Democracia e constitucionalismo caminham juntamente. Desse modo, é preciso reforçar a ideia de que democracia significa mais controle dos Poderes, mais *accountability* (prestação de contas) daqueles que exercem funções públicas. Nesse sentido, na Europa continental, o processo de institucionalização dos mecanismos de controle de constitucionalidade começou a ocorrer de maneira mais forte apenas nas primeiras décadas do século XX.[60] Na verdade, a criação dos Tribunais Constitucionais teve relação direta com a importância que as novas Constituições passaram a ter no Segundo Pós-Guerra. A partir do Constitucionalismo Contemporâneo ocorreu um importante deslocamento da esfera de tensão em direção ao Poder Judiciário e, ao mesmo tempo, o antigo protagonismo (discricionariedade) do Poder Legislativo foi obrigado a ceder espaço à atuação de uma jurisdição constitucional. Anteriormente, no Estado de Direito, as Constituições estavam reduzidas a uma espécie de "código formal" voltado apenas para a articulação e organização dos Poderes públicos. A supremacia dos Parlamentos havia implicado a superioridade absoluta das leis aprovadas pelos legisladores, que, naquele contexto, se encontravam imunes a qualquer tipo de controle exercido no âmbito do Poder Judiciário. Esta situação foi motivada por uma forte desconfiança com relação à atuação do Poder Judiciário, visto com temor pelo pensamento liberal devido à formação conservadora e o caráter não eletivo dos juízes.[61]

Dessa forma, enquanto nos Estados Unidos a doutrina da supremacia constitucional e o controle de constitucionalidade exercido pelo Poder Judiciário favoreciam um maior grau de autonomia ao direito, ao permitir que este pudesse se sobrepor de forma mais eficiente contra as possíveis arbitrariedades praticadas no âmbito dos Poderes

---

[60] Cf. STRECK, Lenio Luiz. *Jurisdição Constitucional e Hermenêutica: uma nova crítica do direito.* 2ª ed., Rio de Janeiro: Forense, 2004, p. 103. De acordo com Lenio Streck, a formação dos tribunais constitucionais deve ser analisada em quatro momentos diferentes: *a)* num primeiro momento, estes tribunais começaram a aparecer na Europa continental no período do entreguerras; *b)* numa segunda etapa, após a derrota dos regimes totalitários (Alemanha e Itália) na segunda guerra mundial, a jurisdição constitucional voltou a ganhar força na Europa continental; *c)* o terceiro momento ocorreu na década de 1970, com a criação dos tribunais em Portugal e Espanha; *d)* por último, apareceram os tribunais criados na África e nos países da antiga cortina de ferro.

[61] Cf. ENTERRÍA, Eduardo García de. *La Constitución como norma y el Tribunal Constitucional.* Madrid: Civitas, 1985, p. 55 – 56.

Constituição e Poder
LIMITES DA POLÍTICA NO ESTADO DE DIREITO

Executivo e Legislativo;[62] na Europa continental, após a superação do Estado Absolutista, os revolucionários apenas transferiram a discricionariedade dos antigos monarcas absolutistas para o Poder Legislativo, permitindo que o Parlamento se sobrepusesse ao direito por meio de sua *volonté générale*.

De fato, isso ocorreu porque – diferentemente do constitucionalismo estadunidense – na Europa continental o modelo historicista e estatalista pós-revolucionário se apoiou na legalidade dos Códigos para alcançar a estabilidade da sociedade burguesa, concebendo a doutrina da supremacia da Constituição como um domínio arbitrário e indevido do Poder Constituinte sobre as instituições políticas. É por esse motivo que Fioravanti afirma categoricamente que, "[...] *la tutela de los derechos garantizados por la constitución se sustituye por la certeza del derecho garantizado por el código y por la ley, por el derecho positivo del Estado*".[63] Desse modo, se nos Estados Unidos uma Constituição rígida se colocou contra as possíveis arbitrariedades praticadas pelos Poderes Executivo e Legislativo, apoiada principalmente no controle de constitucionalidade exercido pelo Poder Judiciário; na Europa continental, o Estado de direito – como produto orgânico da nação – acabou se impondo como único protetor dos direitos fundamentais frente às interferências desestabilizadoras da Constituição.[64]

Destarte, a partir do constitucionalismo oitocentista, a burguesia europeia ganhou acesso aos grandes centros de comando nacionais, necessários para o desenvolvimento das novas relações econômicas estabelecidas pela revolução industrial, já que o capital e a iniciativa empresarial não poderiam continuar operando a partir dos velhos miniestados. Nestas circunstâncias, uma verdadeira democracia estava

---

[62] De fato, a predominância da doutrina da supremacia constitucional foi fundamental para um maior controle da administração pública e da atividade do legislador, transferindo ao Poder Judiciário um papel extremamente relevante na engenharia constitucional estadunidense. No entanto, diante da falta de um maior controle constitucional da atividade dos juízes, uma outra forma de exercício arbitrário do poder também veio a comprometer a autonomia do direito, ao permitir que as decisões judiciais fossem pautadas nos mais variados argumentos ideológicos dos magistrados. Surgia assim o fenômeno do ativismo judicial no contexto constitucional dos Estados Unidos. A respeito de desse tema, ver: WOLFE, Christopher. *The rise of modern Judicial Review. From constitucional interpretation to Judge-Made Law*. New York: Rowman & Littlefield, 1994.

[63] Cf. FIORAVANTI, Maurizio. *Los derechos fundamentales: apuntes de historia de las constituciones*. Madrid: Trotta, 2003, p. 110.

[64] Cf. FIORAVANTI, Maurizio. *Los derechos fundamentales: apuntes de historia de las constituciones*. Madrid: Trotta, 2003, p. 107. Nesse sentido Fioravanti afirma que, "[...] mientras en los Estados Unidos *los derechos están en la constitución* y el arbitrio puede provenir de los poderes del Estado, en la Europa continental *los derechos están en el Estado* y el arbitrio puede provenir del poder constituyente, del contrato social, de la constitución como fruto de las voluntades de los individuos y de las fuerzas sociales".

totalmente fora de questão, pois o pensamento liberal estava associado a uma economia de livre mercado preocupada essencialmente com os empreendimentos econômicos da burguesia.[65] Desse modo, no decorrer do século XIX, a Europa continental se empenhou para restituir a segurança e a estabilidade institucional que haviam sido abaladas pelas atividades revolucionárias do século XVIII.

Em oposição ao pensamento democrático-radical dos jacobinos – que viam a Constituição apenas como programa político –, o pensamento liberal apresentou o Estado de Direito como um desenvolvimento gradual, tranquilo e ordenado dos ideais burgueses. Nesse contexto, a formação dos Poderes públicos passou a ser vista como produto orgânico da nação, e não do contratualismo jacobino, já que a permanência de uma concepção voluntarista da política poderia colocar em risco os principais fundamentos do *Estado de Direito*. Consequentemente, no século XIX o Estado de Direito ficou assentado apenas na defesa das liberdades e dos direitos postos pelo próprio Estado, ao posicionar-se contra todas as intempéries causadas pelo constitucionalismo do período revolucionário.

Mais tarde, toda esta elaboração teórica do pensamento liberal do século XIX desmoronou com a ascensão dos regimes totalitários. Foi o colapso dos valores e instituições da civilização burguesa, vistos pela maioria das pessoas do século XIX como posições inabaláveis nas partes mais avançadas do mundo. Estes valores estavam baseados na crença do domínio da lei e em governos limitados por assembleias representativas livremente eleitas.

Anteriormente, ainda no século XIX, estas posições já haviam sido contestadas mais duramente pelo movimento operário, influenciado fortemente pelo socialismo na luta pela revolução social e pela derrubada da sociedade burguesa. Com exceção da Rússia bolchevique, no início da década de 1920, a Europa que havia emergido da Primeira Guerra Mundial ainda era essencialmente liberal. Contudo, segundo Eric Hobsbawm, "[...] os 23 anos entre a chamada 'Marcha sobre Roma' de Mussolini e o auge do sucesso do Eixo na Segunda Guerra Mundial viram uma retirada acelerada e cada vez mais catastrófica das instituições políticas liberais".[66]

---

[65] Cf. CAENEGEM, Raoul van. *Uma introdução histórica ao direito constitucional ocidental*. Lisboa: Fundação Calouste Gulbenkian, 2009, p. 235 – 237.

[66] Cf. HOBSBAWM, Eric. *Era dos Extremos: o breve século XX*. São Paulo: Companhia das Letras, 1995, p. 115. De acordo com Hobsbawm, os únicos países europeus que não tiveram suas instituições liberais abaladas durante o período de catástrofe do entreguerras foram: Grã-Bretanha, Finlândia (minimamente), Estado Livre Irlandês, Suécia e Suíça.

Constituição e Poder
LIMITES DA POLÍTICA NO ESTADO DE DIREITO

Essa tendência se aprofundou ainda mais com a chegada ao poder de Adolf Hitler, indicado chanceler pelo presidente alemão Paul von Hindenburg após a vitória eleitoral do partido nazista, que, movido por um nacionalismo belicista e com forte ressentimento contra outras nações estrangeiras – especialmente as que haviam derrotado a Alemanha durante a Primeira Guerra Mundial –, buscava colocar abaixo toda a ordem constitucional da República de Weimar.[67] Dessa maneira, a Europa foi invadida por toda sorte de regimes políticos comprometidos com o terror e com a instrumentalização do direito por meio de governos totalitários de direita e de esquerda.

Foi nesse contexto que ocorreu o importante debate entre Hans Kelsen e Carl Schmitt a respeito de quem deveria ser o guardião da Constituição. Um momento em que o Estado Liberal de Direito encontrava-se sob forte ataque do extremismo político praticado por partidos de esquerda e de direita. Nesse sentido, o próprio Carl Schmitt reconhecia que, "o clamor por um guardião e defensor da Constituição é, na maioria das vezes, um sinal de delicadas condições constitucionais".[68] Deveras, pois naquele momento a República de Weimar passava por uma de suas piores crises, sendo ameaçada constantemente tanto pelo comunismo quanto pelo nazismo. Ambos contestavam radicalmente os princípios liberais que o constitucionalismo moderno havia estabelecido após as revoluções do século XVIII. Os nazistas demonstravam profunda ojeriza pelos dirigentes políticos da República de Weimar, acusando-os de terem traído o exército ao aceitarem as cláusulas humilhantes do tratado de Versalhes; já a esquerda comunista acusava o novo regime de traição à causa revolucionária, ao não se esquecer da violenta repressão movida pela social-democracia contra a Liga Espartaquista e sua república dos conselhos.

Para agravar ainda mais a situação política, a crise econômica de 1929 conduziu a Alemanha ao desemprego em massa, com 3 milhões de desempregados no final deste mesmo ano, quase 5 milhões

---

[67] Cf. ARENDT, Hannah. *Origens do totalitarismo*. São Paulo: Companhia das Letras, 1989, p. 444. Segundo Hannah Arendt, "Mais perturbador ainda era o modo pelo qual os regimes totalitários tratavam a questão constitucional. Nos primeiros anos de poder, os nazistas desencadearam uma avalanche de leis e decretos, mas nunca se deram ao trabalho de abolir oficialmente a Constituição de Weimar; chegaram até a deixar mais ou menos intactos os serviços públicos – fato que levou muitos observadores locais e estrangeiros a esperar que o partido mostrasse comedimento e que o novo regime caminhasse rapidamente para a normalização. Mas após a promulgação das Leis de Nuremberg, verificou-se que os nazistas não tinham o menor respeito pelas suas próprias leis".

[68] Cf. SCHMITT, Carl. *O guardião da Constituição*. Belo Horizonte: Del Rey, 2207, p. 1.

no início de 1931 e mais de 6 milhões no início de 1932.[69] Os partidos de centro-esquerda e centro-direita que formavam a base política do novo regime estavam completamente desacreditados. Dessa maneira, preocupados com os efeitos negativos da crise institucional que afetava os pilares da República de Weimar e ameaçava derrubar a sua Constituição, diversos juristas começaram a sustentar a necessidade de formação de um Tribunal Constitucional para garantir a estabilidade política do Estado de Direito. Entre eles se destacou Hans Kelsen, um dos maiores colaboradores na criação do Tribunal Constitucional austríaco.[70]

Kelsen havia participado ativamente da redação da nova Constituição austríaca (1920) durante a criação da república, ocorrida após o desmembramento do antigo império austro-húngaro e da assinatura dos tratados de Versalhes e de St. Germain. Nesse ambiente, Kelsen apoiou a criação de uma Corte Constitucional com competência para realizar o controle de constitucionalidade dos atos dos Poderes Executivo e Legislativo, tentando romper com a resistência do constitucionalismo europeu em recepcionar posições teóricas mais favoráveis à participação dos juízes em temas considerados de competência exclusiva dos Poderes representativos. Antes da Constituição de 1920, os tribunais austríacos apenas controlavam a adequada publicação das leis e nunca se envolviam em discussões a respeito da validade delas em face do texto constitucional. Desse modo, a partir da criação do Tribunal Constitucional, ficou instituído pela primeira vez o controle concentrado de constitucionalidade, por meio de um órgão jurisdicional competente exclusivamente para anular os atos inconstitucionais do Poder Legislativo. Para Kelsen, a criação de um Tribunal Constitucional com estas características era fundamental para aumentar os limites jurídicos ao exercício arbitrário do poder político, preservando as instituições democráticas de medidas autoritárias dos legisladores e, ao mesmo tempo, fortalecendo a ideia de obrigatoriedade de uma Constituição.[71]

---

[69] Cf. CAENEGEM, Raoul van. *Uma introdução histórica ao direito constitucional ocidental*. Lisboa: Fundação Calouste Gulberkian, 2009, p. 325.

[70] Cf. MEDEIROS, Rui. *A decisão de inconstitucionalidade*. Lisboa, Universidade Católica de Lisboa, 2000, p. 53. De acordo com Rui Medeiros, a criação dos Tribunais Constitucionais não foi uma ideia exclusiva do jurista austríaco Hans Kelsen. Na verdade, anteriormente já haviam aparecido elementos favoráveis à criação desse tipo de jurisdição constitucional presentes em projetos políticos e doutrinas jurídicas que prepararam o terreno para a formação dos Tribunais Constitucionais no século XX.

[71] Cf. MENDES, Gilmar Ferreira; COELHO, Inocêncio Mártires; BRANCO, Paulo Gustavo Gonet. *Curso de direito constitucional*. São Paulo: Saraiva, 2010, p. 1157.

Constituição e Poder
LIMITES DA POLÍTICA NO ESTADO DE DIREITO

Segundo Kelsen, a elaboração de mecanismos jurídicos voltados para o fortalecimento da ideia de supremacia da Constituição era extremamente relevante para o cumprimento do princípio da legalidade da função estatal, presente no Estado de Direito. Nesse sentido, se a função da Constituição era estabelecer limites ao exercício do poder, Kelsen afirmava que esses mecanismos institucionais não poderiam ser confiados a um órgão estatal cujos próprios atos deveriam ser controlados, baseando-se num princípio muito caro ao Estado de Direito, que dizia que ninguém poderia ser juiz em causa própria. De fato, no século XIX alguns setores mais conservadores afirmavam que o guardião da Constituição deveria ser o monarca, compensando-o pela perda de poder pela qual havia passado durante o fim do absolutismo. Acreditavam que a monarquia constitucional estava situada acima do antagonismo entre governo e Parlamento, como uma instituição neutra capaz de assegurar a proteção da Constituição. Diferentemente deste posicionamento, Kelsen considerava que esta formulação teórica servia apenas para impedir uma eficaz garantia da Constituição contra as constantes investidas do exercício arbitrário do poder político e afirmava que, "[...] essa doutrina do monarca como *guardião da Constituição* era um movimento eficaz contra *a busca*, que já então aflorava de quando em quando, por um tribunal constitucional".[72]

De acordo com Kelsen, a defesa dessa posição teórica – que transmitia ao chefe de Estado a tarefa institucional de proteger a Constituição – estava embasada na doutrina do *pouvoir neutre* do monarca, de Benjamin Constant. Nela, o Executivo encontrava-se dividido em dois poderes distintos: um passivo, onde estaria o monarca, e um outro ativo, onde estaria o governo liderado pelo primeiro-ministro. Para Kelsen, esta divisão não passava de uma grande ficção jurídica, já que, apesar da monarquia ser considerada um poder passivo, ela ainda conservava na maioria dos casos a representação do Estado no exterior, o comando supremo das forças armadas, a sanção das leis e a nomeação de funcionários e juízes.[73]

Nesse sentido, ao criticar a posição teórica de Carl Schmitt, Kelsen considerava que a tentativa de estender para uma república democrática a aplicação da teoria de Constant – vista por ele como uma ideologia do século XIX – era totalmente incompatível com a tarefa que um guardião da Constituição deveria desempenhar. Em lugar da atuação do chefe de Estado, Kelsen propugnou a formação de um

---

[72] Cf. KELSEN, Hans. Quem deve ser o guardião da Constituição? In: *Jurisdição constitucional.* São Paulo: Martins Fontes, 2003, p. 242.

[73] Idem, p. 245.

Tribunal Constitucional não pertencente ao Poder Judiciário, com a função de aplicar a Constituição a uma situação fática de produção legislativa, onde uma lei considerada inconstitucional deveria ser eliminada completamente do ordenamento jurídico. Nesta situação, o *Tribunal Constitucional* acabou definido por ele como um verdadeiro legislador negativo.[74]

Por outro lado, o jurista Carl Schmitt se opôs frontalmente à formação de uma jurisdição voltada especificamente para o controle de constitucionalidade. Na visão dele, o conceito de direito era fundamentalmente político, sendo a pretensa neutralidade do positivismo normativista uma mera ficção que servia apenas para ocultar os ideais liberais presentes na filosofia política e no direito. A respeito dessa questão, Raymundo Faoro afirma que, "ao relativizar o conceito de constituição, para separá-lo do movimento político que se define a partir do fim do século XVIII, (Schmitt) entende que cada partido em luta só reconhece como verdadeira constituição aquela que corresponde aos seus postulados políticos".[75] Desse modo, a partir de uma visão antiliberal,[76] Schmitt descartou completamente a necessidade de um Tribunal Constitucional, transferindo para o presidente do *Reich* a legitimidade para o exercício do controle de constitucionalidade. Ele acreditava que, devido a uma ideia malcompreendida e abstrata do Estado de Direito, um controle exercido por uma jurisdição constitucional seria capaz de transferir poderes de legislação para o Poder Judiciário. Dessa forma, de acordo com Schmitt, caso

> [...] fosse utilizado um tribunal, incumbido de dirimir todas as dúvidas e divergências emergentes, para o qual pudesse apelar a maioria e até mesmo a minoria parlamentares, mas que não fosse competente para outras decisões, tal tribunal seria uma instância política junto ao parlamento, ao presidente e ao governo do *Reich*, e não se alcançaria nada além do que, sob os fundamentos de decisão, a publicação ou a proibição dos atos do governo sob a aparência de estrutura judiciária.[77]

---

[74] Cf. ABBOUD, Georges. *Jurisdição Constitucional e Direitos Fundamentais*. São Paulo: Revista dos Tribunais, 2011, p. 172. Para explicar esta definição kelseniana Abboud afirma que, "Kelsen equiparara a atividade jurisdicional à legislativa: enquanto esta consiste na criação de normas gerais, aquela cria normas individuais. Por conseguinte, anular uma lei é estabelecer uma norma geral, uma vez que a anulação de uma lei tem o mesmo caráter de generalidade que sua elaboração". A respeito dessa questão, ver também: KELSEN, Hans. Quem deve ser o guardião da Constituição? In: *Jurisdição constitucional*. São Paulo: Martins Fontes, 2003, p. 263 – 265.

[75] Cf. FAORO, Raymundo. Assembleia Constituinte: a legitimidade resgatada. In: *A república inacabada*. São Paulo: Globo, 2007, p. 196.

[76] Cf. GARCÍA, Pedro de Vega. Prologo. In: SCHMITT, Carl. *La defensa de la Constitución*. Madrid: Editorial Tecnos, 1983, p. 12 – 13.

[77] Cf. SCHMITT, Carl. *O guardião da Constituição*. Belo Horizonte: Del Rey, 2207, p. 45 – 46.

Constituição e Poder
LIMITES DA POLÍTICA NO ESTADO DE DIREITO

Nesse sentido, a formação de um Tribunal Constitucional consequentemente acarretaria a politização do Poder Judiciário,[78] visto por ele como um elemento característico de uma concepção de democracia, que, naquele momento, passava a se preocupar majoritariamente com a proteção das minorias, em oposição a uma concepção tradicional onde apenas a maioria teria condição de tomar as decisões políticas. Segundo Carl Schmitt, essa nova concepção de democracia trazia em seu bojo a necessidade de um novo guardião da Constituição, que não poderia continuar no âmbito do Poder Legislativo e também não poderia ser transferido novamente para o Poder Executivo, visto ainda naquele tempo com desconfiança devido à impressão negativa deixada pela luta do constitucionalismo moderno contra governos despóticos.[79] No entanto, ao se opor a esta nova concepção de democracia, Carl Schmitt sustentou que apenas um poder neutro, próximo daquilo que Benjamin Constant havia elaborado em seu poder moderador, poderia exercer a função institucional de guardião da Constituição. E esse poder neutro estava com o chefe de Estado, o presidente do *Reich*. Baseado no princípio orgânico de distribuição e separação das funções do Estado entre os três Poderes, Schmitt sustentava que o Poder Judiciário deveria atuar exclusivamente em casos, afastando-se de discussões que envolvessem problemas que tratassem exclusivamente do conteúdo de uma lei.[80] Para ele, resultava problemático transferir para um Tribunal a exclusividade de zelar pelos valores fundamentais de todo o ordenamento constitucional.

Durante o período em que o totalitarismo nazista dominou a Alemanha, prevaleceu a posição de que o presidente do *Reich* fosse designado "guardião" da Constituição. Nesse momento, Adolf Hitler acumulou as funções de chefe de governo e chefe de Estado, destruindo a Constituição de Weimar por meio dos decretos de emergência

---

[78] Cf. SCHMITT, Carl. *O guardião da Constituição*. Belo Horizonte: Del Rey, 2207, p. 33. A respeito desta questão Carl Schmitt afirmava que, "é natural conceber a resolução judicial de todas as questões políticas como ideal do Estado de Direito e, nisso, não ver, com uma expansão da justiça a uma matéria talvez não mais sujeita à ação da justiça, que esta só pode ser prejudicada, pois a consequência seria, como mostrei tanto para o direito constitucional quanto para o internacional, não, por exemplo, uma juridicização da política, e, sim, uma politização da justiça".

[79] Cf. SCHMITT, Carl. *O guardião da Constituição*. Belo Horizonte: Del Rey, 2207, p. 37 – 38.

[80] Cf. GARCÍA, Pedro de Vega. Prologo. In: SCHMITT, Carl. *La defensa de la Constitución*. Madrid: Editorial Tecnos, 1983, p. 12 – 13. De acordo com Pedro de Vega, Carl Schmitt sabia que o direito não poderia ser aplicado por subsunção em todos os casos e que nestas situações o juiz seria obrigado a criar o direito diante da impossibilidade de seu afastamento no exercício da função judicial. No entanto, Schmitt sustentava que estes casos deveriam ser excepcionais, para que fossem preservados os fundamentos que vinculavam a atuação do Poder Judiciária a lei.

autorizados pelo estado de exceção[81] e pelas instituições incumbidas de implementar suas políticas de racismo e eugenia. Estado e partido foram transformados numa mesma coisa, ao expurgar da estrutura burocrática qualquer elemento considerado subversivo. Assim, o Poder Judiciário acabou instrumentalizado pelas posições ideológicas do regime nazista, ao fazer com que prevalecesse uma espécie de conservadorismo presente na instituição desde os tempos da unificação realizada por Bismarck. Na verdade, o Poder Judiciário alemão já era composto majoritariamente por estatistas ultraconservadores, que haviam conspirado contra a República de Weimar por meio de um subjetivismo avesso a sua legalidade constitucional. Após a ascensão do nazismo, estes mesmos juízes que um dia haviam ajudado a destruir a Constituição de Weimar, convenientemente vieram a tomar uma postura totalmente inversa, ao tornarem-se mais objetivistas e defensores da mais estrita legalidade dos decretos de emergência promulgados por Adolf Hitler.[82] O direito foi transformado naquilo que era determinado arbitrariamente pelos nazistas, sendo o Poder Judiciário, nesse contexto, um importante instrumento para a destruição da Constituição de Weimar.

Desse modo, para um ato de punição praticado por Hitler, devido a sua participação no Putsch de Munique em 1923, o líder nazista foi sentenciado a uma pena de somente seis meses de prisão, que acabou cumprida em um luxuoso castelo. A corte recusou a sua deportação sob a alegação de que, "no caso de um homem como Hitler, de ideais e sentimentos tão alemães, a opinião desta corte é que os desígnios e propósitos da lei não se aplicam".[83] Após a ascensão do nazismo, os judeus foram punidos implacavelmente pelos mesmos

---

[81] Cf. AGAMBEN, Giorgio. *Estado de exceção*. São Paulo: Boitempo, 2004, p. 13. Após a ascensão do nazismo, Hitler promulgou um decreto de emergência que suspendeu os artigos da Constituição de Weimar referentes às liberdades individuais. Era o *Decreto para a proteção do povo e do Estado*. Este instrumento autoritário foi utilizado pelos nazistas durante todo o *Terceiro Reich*. Assim, de acordo com Agamben, o regime político governado pelo *führer* pode ser considerado como um verdadeiro estado de exceção que durou 12 anos. Para ele, "o totalitarismo moderno pode ser definido, nesse sentido, como a instauração, por meio do estado de exceção, de uma guerra civil legal que permite a eliminação física não só dos adversários políticos, mas também de categorias inteiras de cidadãos que, por qualquer razão, pareçam não integráveis ao sistema político". Consequentemente, o resultado dessa suspensão da ordem jurídica foi a instrumentalização do direito por meio de atos arbitrários que passavam longe de qualquer controle exercido pelo Poder Judiciário, desaparecendo a necessária distinção institucional entre as funções legislativa, executiva e judicial.

[82] Cf. POSNER, Richard. *Para além do direito*. São Paulo: Martins Fontes, 2009, p. 155 – 170.

[83] Cf. MÜLLER, Ingo. *Hitler's Justice: The Courts of the Third Reich*. Cambridge: Harvard University Press, 1991, p. 16.

juízes. Foram, inclusive, proibidos de advogar.[84] Os juízes democratas perderam seus cargos,[85] e as leis flagrantemente inconstitucionais foram validadas sob as togas do Judiciário.

Somente com o fim da Segunda Guerra Mundial ganhou força a ideia de criar Tribunais Constitucionais encarregados de sustentar a normatividade das novas Constituições. Após todas as atrocidades praticadas pelo totalitarismo, tornou-se fundamental garantir a supremacia constitucional e defender a autonomia do direito frente aos discursos pragmáticos da política, da economia e da moral. Agora, todos aqueles elementos autoritários que no passado haviam fragilizado o direito deve(ria)m se submeter à normatividade dos novos textos constitucionais, pois o direito não pode(ria) continuar a ser visto como uma mera racionalidade instrumental, sendo manipulado conforme as conveniências ideológica de quem detém o poder. Dessa maneira, para a consolidação do constitucionalismo inaugurado pelo Estado Democrático de Direito, foi extremamente relevante a atuação institucional dos Tribunais Constitucionais,[86] ao superar o velho problema da falta de legitimidade de um Poder do Estado em controlar os atos dos demais. Para as nações europeias que haviam saído do totalitarismo, esse modelo de jurisdição constitucional *ad hoc* mostrou-se eficaz para a consolidação da democracia.

Assim, todas essas transformações proporcionaram uma acentuada transferência do protagonismo do Poder Legislativo – muito presente no modelo do Estado de Direito do século XIX – em direção ao Poder Judiciário (ou à Justiça Constitucional). Em lugar da intangibilidade e da onipotência do legislador, presente na Europa desde

---

[84] Cf. MÜLLER, Ingo. *Hitler's Justice: The Courts of the Third Reich*. Cambridge: Harvard University Press, 1991, p. 62.

[85] Idem, p. 192 – 197.

[86] Cf. STRECK, Lenio Luiz. *Jurisdição Constitucional e Hermenêutica: uma nova crítica do Direito*. 2ª ed., Forense: Forense, 2004. Diferentemente desta posição, o procedimentalismo habermasiano não considera autoevidente a existência de Tribunais Constitucionais com a predominância para buscarem uma maior concretização constitucional no Estado Democrático de Direito. Segundo Habermas, o fenômeno da juridificação, próprio do constitucionalismo do segundo pós-guerra, é responsável pelo que ele chamou de colonização do mundo da vida, e, por isso, a atividade desses Tribunais deveria ficar restrita a tarefa de compreensão procedimental da Constituição, limitando-se apenas a garantir um processo de criação democrática do Direito. Ao contrário desta posição, Lenio Streck afirmou que o equívoco em Habermas começou com o não reconhecimento da superação do Estado Social pelo Estado Democrático de Direito, ignorando todo um processo de revitalização do direito com relação à razão política. Dessa forma, se no Estado Social o direito tinha uma função meramente promovedora, no Estado Democrático de Direito o direito passou a ter uma função transformadora, numa circunstância em que o polo de tensão para a concretização dos direitos humanos fundamentais foi transferido para o Poder Judiciário. A respeito da posição habermasiana sobre a atuação dos Tribunais Constitucionais, ver: HABERMAS, Jürgen. *Direito e democracia: entre facticidade e validade*. v. 1., 2ª ed. Rio de Janeiro: Tempo Brasileiro, 2010.

os tempos das revoluções liberais do século XVIII, surgiu a doutrina da supremacia da Constituição, posição que há muito tempo já havia se consolidado nos Estados Unidos. Desse modo, logo após a Segunda Guerra Mundial, diversos países europeus adotaram o controle concentrado de constitucionalidade, por meio da criação das chamadas Cortes Constitucionais. Alemanha (1951), Itália (1956), Portugal (1976) e Espanha (1978) foram os principais Estados a incorporarem este novo modelo de jurisdição constitucional.

Contudo, diferentemente da doutrina kelseniana do Tribunal Constitucional, onde uma sentença que declarava a inconstitucionalidade de uma lei era vista como um ato normativo geral e, portanto, equiparado à posição de um legislador negativo; na contemporaneidade, a atuação do Tribunal Constitucional, formado pelo Estado Democrático de Direito, não pode ficar restrita unicamente ao controle da atividade política do legislador.[87] Hodiernamente, além da tarefa tradicional de limitar o poder, as novas Cortes Constitucionais têm legitimidade para decidir todos os casos de violação ao texto constitucional. Nesse sentido, Georges Abboud elencou quatro funções principais a serem desempenhadas por uma jurisdição constitucional no Estado Democrático de Direito: cumprir com a tradicional tarefa do constitucionalismo de limitar o poder, controlar os erros advindos da atividade legislativa, desempenhar um papel contramajoritário para a preservação das minorias[88] e zelar pela concretização e respeito aos direitos fundamentais previstos nos textos constitucionais.[89] Para o Constitucionalismo Contemporâneo, todas estas funções são essenciais para o fortalecimento da autonomia do direito.

---

[87] Cf. ABBOUD, Georges. *Jurisdição Constitucional e Direitos Fundamentais*. São Paulo: Revista dos Tribunais, 2011, p. 167 – 179.

[88] A respeito da função contramajoritária exercida pela jurisdição constitucional no atual estágio do constitucionalismo, ver: ABBOUD, Georges. STF vs. Vontade da Maioria: as razões pelas quais a existência do STF somente se justifica se ele for contramajoritário. In: *Revista dos Tribunais*, vol. 921,2012, p. 191. Neste artigo, diante da recente polêmica em torno da função contramajoritária do STF – que surgiu no julgamento de constitucionalidade da Lei da Ficha Limpa – Georges Abboud se manifestou de maneira crítica a posição sustentada pelo ministro Luiz Fux que, na ocasião, chegou a defender a necessidade do STF levar em consideração a vontade da maioria para proferir seu julgamento, questionando o papel contramajoritário exercido pelo tribunal. De acordo com Abboud, a existência do STF é justificável somente se ele puder atuar de maneira contrária a vontade de maiorias eventuais que coloquem em risco a incolumidade do texto constitucional e dos direitos fundamentais. Assim, ele afirma que "[...] o STF não precisa conquistar e agradar a sociedade, muito pelo contrário, em alguns casos, faz-se necessário que os 11 ministros tenham a coragem e a independência de proferir julgamento que contrarie a maior parte da população, se isso for necessário para assegurar a preservação do pacto constitucional. Desse modo, uma atuação imparcial e independente do STF impede que ele viva em constante lua de mel com a opinião pública e a maioria da população".

[89] Cf. ABBOUD, Georges. *Jurisdição Constitucional e Direitos Fundamentais*. São Paulo: Revista dos Tribunais, 2011, p. 102.

1.4. O Poder Judiciário no constitucionalismo contemporâneo

Em *Oréstia*, de Ésquilo, existe uma passagem que ajuda a compreender o papel que um Tribunal deve desempenhar para a preservação da autonomia do direito. Esta tragédia conta a história da maldição que se abateu sobre a casa dos Átridas, a qual pertencia Agamêmnon, comandante dos gregos na Guerra de Troia e que, após retornar vitorioso para o seu reino, foi assassinado traiçoeiramente por sua esposa Clitemnestra e por seu primo Egisto. Anos mais tarde, incumbido por Apolo de vingar a morte do próprio pai, Orestes retornou a Argos e assassinou Egisto e sua mãe Clitemnestra. Dessa forma, após cometer um matricídio, passou a sofrer a perseguição realizada pelas Erínias, que naquele tempo eram as deusas encarregadas de atormentarem a todos que cometiam homicídios contra pessoas do mesmo sangue. Diante dessa situação, perturbado constantemente pelas deusas da vingança, Orestes recorreu a Atenas, que imediatamente instituiu um Tribunal para julgar o crime que ele havia praticado. Assim, a partir deste caso, ficou estabelecido o primeiro Tribunal com competência para julgar os crimes de sangue, preservando a autonomia do direito frente aos clamores mais terríveis das deusas vingadoras, atualmente muito semelhantes às pressões autoritárias exercidas pelas maiorias que procuram se transvestir de opinião pública. É nesse sentido que se deve compreender a atuação do Poder Judiciário nos dias atuais, reconhecendo seu *fortalecimento* como um formidável mecanismo institucional para a defesa da autonomia que o direito conquistou frente a todos aqueles elementos que tentam corrigi-lo externamente.[90]

De fato, ao longo da história do constitucionalismo, diversos mecanismos institucionais foram criados para favorecer a autonomia do direito em relação à política, à economia e à moral. Era necessário assegurar o domínio do direito contra os possíveis abusos que um poder político degenerado pode(ria) praticar, evitando que um discurso pragmaticista[91] pudesse se sobrepor ao direito. Do Estado Abso-

---

[90] Esta leitura de *Oréstia* foi elaborada pelo jurista Lenio Luiz Streck a partir das discussões desenvolvidas no âmbito do programa Direito & Literatura.

[91] Cf. STRECK, Lenio Luiz. Diálogos (neo)constitucionais. In: OTTO, Écio; POZZOLO, Susanna. *Neoconstitucionalismo e positivismo jurídico: as faces da teoria do direito em tempos de interpretação moral da Constituição*. 3ª ed., Florianópolis: Conceito Editorial, 2012, p. 183. De acordo com Lenio Streck, as primeiras manifestações do pragmaticismo no direito podem ser encontradas no realismo jurídico escandinavo e estadunidense. Atualmente, esta posição mais favorável ao protagonismo judicial pode ser identificada em diversas correntes do pensamento jurídico, como por exemplo, a análise econômica do direito, de Richard Posner, os *Critical Legal Studies* e todas aquelas teorias que apostam na ponderação. Segundo Streck, "o pragmatismo pode ser considerado como uma teoria ou postura que aposta em um constante 'estado de exceção hermenêutico' para o direito; o juiz é o protagonista, que 'resolverá' os casos a partir de raciocínios e argumen-

lutista ao Estado Democrático de Direito aconteceram diversas lutas e revoluções para que a supremacia e a normatividade das novas Constituições da Europa continental fossem alcançadas, o que acabou acarretando uma nova configuração institucional que permitiu ao Poder Judiciário assumir uma maior predominância na relação com os demais Poderes. Dessa forma, é possível observar que a partir do Segundo Pós-Guerra ocorreu uma verdadeira transferência de poder das instituições representativas para os Tribunais.[92] Questões de políticas públicas, dilemas sociais e outras controvérsias políticas passaram a ocupar um maior espaço no Poder Judiciário, por meio daquilo que se convencionou chamar de judicialização da política.

Certamente, temas que no passado ficavam restritos apenas às instâncias políticas de decisão foram formalizados por procedimentos e regras jurídicas estabelecidos pelo novo constitucionalismo. E isso ocorre(u) principalmente nos casos em que a Administração Pública demonstra uma certa deficiência para concretizar as políticas públicas ordenadas pelo direito, como saúde, educação, planejamento urbano, conflitos fundiários, proteção ao consumidor e todo tipo de políticas de bem-estar social garantidas pela Constituição. Todas essas novas demandas, agora incorporadas pelo direito, alteraram significativamente a delicada relação entre direito e política. Consequentemente, problemas que no passado ficavam restritos às decisões tomadas no âmbito da política, agora passaram a ser passíveis de uma maior intervenção do Poder Judiciário. Nesse sentido, parafraseando Alexis de Tocqueville, Ran Hirschl chegou a afirmar que, "[...] não há no mundo do novo constitucionalismo quase nenhum dilema de política que não se torne, cedo ou tarde, um problema judicial".[93]

Diferentemente do Estado Democrático de Direito, no Estado de Direito formado na Europa continental (século XIX), a codificação ha-

---

tos finalísticos. Trata-se, pois, de uma tese anti-hermenêutica e que coloca em segundo plano a produção democrática do direito".

[92] Segundo Lenio, durante a formação do Estado Liberal de Direito havia uma forte preocupação com a limitação do poder estatal, fazendo com que a predominância na atuação institucional ficasse com o Poder Legislativo, organizado nessa época como representante legítimo do povo para coibir o excesso de poder exercido pelas monarquias europeias; mais tarde, com a formação do Estado Social de Direito, a predominância na atuação institucional foi transferida para o Poder Executivo, como condição necessária para a realização das políticas públicas contidas nesse modelo estatal, marcado por características fortemente intervencionistas na economia; por último, com o advento da nova Constituição e de seu caráter compromissório, questões historicamente relegadas ao campo da política foram incorporadas pelo direito, fazendo com que as crescentes demandas sociais passassem a buscar a sua realização no Poder Judiciário. Cf. STRECK, Lenio Luiz. *Jurisdição Constitucional e Hermenêutica: uma nova crítica do Direito.* 2ª ed., Rio de Janeiro: Forense, 2004.

[93] Cf. HIRSCHL, Ran. O novo constitucionalismo e a judicialização da política pura no mundo. In: *Revista de direito administrativo*, Rio de Janeiro, vol. 251, 2009, p. 141.

via afastado qualquer possibilidade de os juízes ocuparem um papel mais relevante. Na França, estes agentes do Poder Judiciário estavam presos ao exegetismo dos códigos, enquanto na Alemanha, apesar da codificação ter ocorrido somente em 1900, os juízes encontravam-se limitados pela jurisprudência dos conceitos. Desse modo, é possível observar que os juízes acabaram exercendo um papel menos significativo nestes dois contextos, com os legisladores franceses e os doutrinadores alemães ocupando as posições mais destacadas na produção do direito.[94]

Contudo, no momento em que se realizou a transição para o Estado Democrático de Direito, ocorreu uma inevitável redução da discricionariedade dos Poderes políticos e, ao mesmo tempo, um importante aumento do controle de constitucionalidade exercido pelos Tribunais, já que o constitucionalismo do Segundo Pós-Guerra transferiu aos juízes um papel extremamente relevante para o fortalecimento da autonomia conquistada pelo direito. Nesse sentido, ao considerar que o Poder Judiciário assumiu uma posição fundamental para o fortalecimento dessa autonomia, é importante frisar que essa nova configuração institucional não veio para favorecer ativismos judiciais de qualquer espécie ideológica. Na verdade, toda atuação judicial baseada em posições discricionárias também acaba fragilizando a autonomia conquistada pelo direito. Substituir a discricionariedade dos legisladores pela discricionariedade dos juízes seria uma grande contradição para a própria teoria constitucional, que há séculos sempre concentrou seus esforços na elaboração de importantes mecanismos institucionais para o controle do poder.

Desse modo, confundir a judicialização da política com o ativismo judicial, seria o mesmo que acreditar que o Poder Judiciário recebeu do novo constitucionalismo a autorização para agir de maneira arbitrária. Por esse motivo, é necessário distinguir um fenômeno do outro, esclarecendo que a judicialização da política deve ser vista como um fenômeno característico do Constitucionalismo Contemporâneo, ao favorecer uma maior predominância institucional a atuação dos juízes; enquanto o ativismo judicial deve ser considerado como uma corrupção do sistema constitucional, ao favorecer certos desvios arbitrários por parte daqueles que deveriam zelar pela autonomia do direito no atual estágio do constitucionalismo.

Para melhor compreender estes dois fenômenos, é fundamental antes passar pela experiência estadunidense. De fato, foi nos Estados

---

[94] Cf. CAENEGEM, Raoul van. *Juízes, Legisladores e Professores*. Rio de Janeiro: Elsevier, 2010.

Unidos que primeiramente nasceu a noção de ativismo judicial.[95] Seu aparecimento pode ser percebido a partir de algumas peculiaridades inerentes ao seu sistema político. Ao contrário da Europa continental, onde a ideia de supremacia constitucional ainda não estava presente, no constitucionalismo estadunidense a doutrina da supremacia do *common law* já influenciava os colonos antes mesmo do encerramento dos conflitos armados com os colonizadores ingleses. O posicionamento de Edward Coke tinha atravessado o oceano atlântico e fincado raízes em solo norte-americano, alcançando maior sucesso principalmente após a independência, por meio da criação da *judicial review*. No entanto, a presença do ativismo judicial, que ocorreu primeiramente neste contexto, não pode ser observada como uma consequência natural do controle jurisdicional de constitucionalidade, exercido contra os atos políticos dos Poderes Executivo e Legislativo. Como foi colocado acima, existe uma grande diferença entre o ativismo judicial e a legítima atuação dos Tribunais em defesa da supremacia constitucional. Ativismo judicial é sempre sinônimo de arbitrariedade e, portanto, deve ser analisado como uma atuação contrária à autonomia do direito.[96]

Logicamente, este protagonismo por parte do Poder Judiciário estadunidense sempre esteve associado à ideia de um governo exercido efetivamente por juízes e à atuação que estes poderiam desempenhar por meio da *judicial review*. Nesse sentido, são interessantes as observações de Christopher Wolfe a respeito daquilo que ele considerou serem as três diferentes eras da *judicial review*, ao levar em consideração as transformações ocorridas nas formas de intervenção da Suprema Corte na estrutura política estadunidense. Para ele, os três diferentes momentos ficaram divididos da seguinte maneira: a *"traditional era"*, que teve início a partir do estabelecimento da Constituição e permaneceu até 1890, com a Suprema Corte dando maior ênfase à aplicação do texto constitucional em face das leis ordinárias; a *"transitional era"*, com a Suprema Corte primeiramente assumindo um

---

[95] O interessante é que a cunhagem original do termo não aconteceu a partir de um trabalho acadêmico, mas, pelo contrário, a primeira vez que se teve notícia do seu emprego foi em 1947, numa reportagem do jornalista Arthur Schlesinger Jr. para a revista Fortune. Neste trabalho jornalístico, o termo *ativista* foi utilizado apenas para classificar a posição política mais liberal de alguns juízes da Suprema Corte. Assim, os nove juízes dessa época foram classificados da seguinte maneira: os juízes Black, Douglas, Murphy e Rutlege, como ativistas judiciais; os juízes Frankfurter, Jackson e Burton, como campeões da autolimitação; e os juízes Reed e Vinson como pertencentes ao grupo de centro. A respeito desse tema, ver: VALLE, Vanice Regina Lírio do (org.). *Ativismo jurisdicional e o Supremo Tribunal Federal*. Laboratório de Análise Jurisprudencial do Supremo Tribunal Federal. Curitiba: Juruá, 2009, p. 19-20.

[96] Para maiores informações a respeito do ativismo judicial no contexto estadunidense, ver: TASSINARI, Clarissa. Revisitando o problema do ativismo judicial: contributos da experiência norte-americana. In: Revista Eletrônica do Curso de Direito da OPET, v. 4, 2010.

Constituição e Poder
LIMITES DA POLÍTICA NO ESTADO DE DIREITO

ativismo mais preocupado com a defesa do "capitalismo *laissez-faire*", para depois, ainda durante o governo Roosevelt, assumir um ativismo mais favorável à implementação dos direitos civis; e a *"modern era"*, considerada como o atual momento de uma Suprema Corte marcada fortemente pelo protagonismo legislativo dos juízes. O interessante é que, para Wolfe, as mudanças para as duas últimas fases da Suprema Corte foram marcadas muito mais pelo aumento do voluntarismo político dos juízes do que propriamente por uma questão de julgamento ou interpretação sempre pautada pelo direito.[97]

Nesse sentido, no momento mais conservador, os juízes da Suprema Corte realizaram seus julgamentos a partir de uma postura ideológica mais alinhada com o liberalismo econômico, afastando qualquer possibilidade de intervencionismo estatal, já que consideravam esse tipo de ação governamental uma espécie de *bolchevização* do Estado; depois, a partir de uma composição mais progressista, os novos juízes deste mesmo Tribunal assumiram uma postura ideológica mais comprometida com a defesa dos direitos civis, propugnados pelo liberalismo político, o que, por sua vez, passou a autorizar um maior intervencionismo estatal nas relações econômicas.[98] Desse modo, é possível perceber que o ativismo judicial sempre foi uma questão de conveniência política daqueles que tinham o poder de julgar. Por isso, é necessário destacar que o mais importante não é distinguir "bons ativismos" de "maus ativismos" – pois todos eles comprometem a autonomia do direito –, mas, antes de tudo, reforçar que uma postura ativista é sempre uma postura autoritária que pode prejudicar a consolidação do Estado Democrático de Direito.[99]

---

[97] Cf. WOLFE, Christopher. *The rise of modern Judicial Review. From constitucional interpretation to Judge-Made Law*. New York: Rowman & Littlefield, 1994.

[98] Cf. VIEIRA, Oscar Vilhena. *Supremo Tribunal Federal: jurisprudência política*. São Paulo: Revista dos Tribunais, 1994, p. 60 – 69. Um exemplo de intervenção mais conservadora da Suprema Corte ocorreu em 1905, no caso *Lochner v. New York*, onde uma tentativa da legislação estadual de regularizar a jornada de trabalho dos padeiros no limite máximo de dez horas, durante a semana, e seis horas, nos finais de semana, foi julgada inconstitucional por ferir a liberdade de contrato assegurada pela Constituição. Por outro lado, um exemplo de intervenção mais progressista ocorreu em 1954, no caso *Brown v. Board of Education of Topeka*, onde a decisão da Suprema Corte derrubou o argumento segregacionista *separate but equal* com base nos argumentos extralegais suscitados pelos advogados do movimento negro, que na época concentraram a luta política por direitos civis muito mais no âmbito judicial do que na esfera do Poder Legislativo.

[99] Cf. TOMAZ DE OLIVEIRA, Rafael. *Decisão Judicial e o Conceito de Princípio: a hermenêutica e a (in)determinação do Direito*. Porto Alegre: Livraria do Advogado Editora, 2008, p. 31. De acordo com Oliveira, reduzir o debate entre o que seria considerado "bom ativismo" e "mau ativismo" seria o mesmo que retornar a uma antiga discussão a respeito de qual tipo de ditadura era melhor, a de esquerda ou a de direita? Segundo ele, "[...] ditadura é ditadura, seja ela de esquerda ou de direita. Também ativismos judiciais são ativismos judiciais. Não cabe decidir qual deles é melhor, cabe combatê-los no sentido de procurar estabelecer qual a medida da legitimidade de qualquer intervenção que o direito deva realizar na política e na sociedade".

É em concordância com este posicionamento que o Constitucionalismo Contemporâneo deve ser analisado. Seguramente, o que ocorreu com o direito pós-Auschwitz, no âmbito do constitucionalismo produzido na Europa continental, não pode ser visto como uma transferência de todas as esperanças de concretização dos novos direitos ao *protagonismo judicial*.[100] Na atual conjuntura, o direito não pode continuar sendo apontado como uma mera racionalidade instrumental, como acontece nas teorias voluntaristas. Por esse motivo, sem uma verdadeira ruptura com o positivismo normativista e a filosofia da consciência, ficam prejudicadas as possibilidades de superação dos diversos ativismos judiciais que tanto fragilizam o direito.

A autonomia do direito propugnada pelo Constitucionalismo Contemporâneo é algo completamente estranho para o positivismo normativista. Na verdade, Kelsen buscava apenas a autonomia epistemológica do direito, sendo que a interpretação, feita pelo órgão aplicador do direito, era considerada completamente diferente da interpretação realizada pela ciência do direito. No primeiro caso, a interpretação deveria ocorrer como ato de vontade, permitindo aos juízes uma escolha entre diversas possibilidades existentes; já no segundo caso, a interpretação efetuada pela epistemologia do direito deveria ser um ato de conhecimento, preocupado apenas com o estabelecimento das possíveis significações de uma norma jurídica. Nesse aspecto, a ciência do direito não deveria se preocupar com o problema da decisão judicial, pois, diante da separação entre racionalidade teórica e racionalidade prática, toda atividade jurisdicional estaria reduzida a uma escolha entre várias respostas, ou seja, a decisão como um ato de vontade. Nesse aspecto, é visível como Kelsen deu importância secundária à aplicação do direito, considerada em sua *Teoria Pura* como um problema apenas de vontade frente à impossibilidade de se fazer ciência sobre uma casuística razão prática. Por isso, ele afirmava que:

> A questão de saber qual é, de entre as possibilidades que se apresentam nos quadros do Direito a aplicar, a 'correta', não é sequer – segundo o próprio pressuposto de que se parte – uma questão de conhecimento dirigido ao Direito positivo, não é um problema de teoria do Direito, mas um problema de política do Direito.[101]

É nesse aspecto que o Constitucionalismo Contemporâneo proporciona uma ruptura com o positivismo jurídico, impedindo que a vontade discricionária dos juízes possa se sobrepor ao próprio direito

---

[100] Cf. STRECK, Lenio Luiz. Diálogos (neo)constitucionais. In: OTTO, Écio; POZZOLO, Susanna. *Neoconstitucionalismo e positivismo jurídico: as faces da teoria do direito em tempos de interpretação moral da Constituição*. 3ª ed., Florianópolis: Conceito Editorial, 2012, p. 174.

[101] Cf. KELSEN, Hans. *Teoria Pura do Direito*. São Paulo: Martins Fontes, 1998, p. 393.

Constituição e Poder
LIMITES DA POLÍTICA NO ESTADO DE DIREITO

e favorecer o ativismo do Poder Judiciário. Certamente, nos termos apresentados por Lenio Streck, não há dúvida que hodiernamente a decisão judicial importa para a teoria do direito – principalmente a partir do papel exercido pelos princípios como resgate do mundo prático[102] – e que o Constitucionalismo Contemporâneo deve ser visto como sinônimo de um novo paradigma, já que o Neoconstitucionalismo apenas propõe uma atitude crítica perante o positivismo exegético-conceitual-primitivo e, ao fim e ao cabo, acaba repristinando teses semelhantes às adotadas pelo positivismo normativista, que servem tão somente para incentivar, nos diversos ramos do direito, a todos os tipos de protagonismos judiciais.[103]

Na verdade, o positivismo jurídico – seja o exegético ou o normativista – sempre favoreceu posições voluntaristas, primeiramente presente entre os legisladores do Estado de Direito e hoje, em pleno Estado Democrático de Direito, está apoiada na subjetividade daqueles que insistem em decidir – de maneira antidemocrática – conforme a própria consciência, baseados na ideia de que sentença vem de *sentire*.[104] Também é importante ressaltar que, ao contrário do Constitucionalismo Contemporâneo, o Neoconstitucionalismo se encontra ligado à defesa dessa mesma discricionariedade judicial presente no positivismo normativista, muitas vezes se apresentando por meio do uso da ponderação. Por esse motivo, ao apostar numa democracia que se realiza a partir da autonomia do direito, Streck defende a elaboração de uma nova teoria capaz de responder aos problemas derivados de sua interpretação e, ao mesmo tempo, impedir que o direito seja fragilizado pelo voluntarismo judicial. Juízos morais, políticos e econômicos, estabelecidos externamente, não podem servir para corrigir um direito produzido democraticamente. Nesse sentido, o novo

---

[102] Cf. TOMAZ DE OLIVEIRA, Rafael. *Decisão Judicial e o Conceito de Princípio: a hermenêutica e a (in)determinação do Direito*. Porto Alegre: Livraria do Advogado Editora, 2008.

[103] Luigi Ferrajoli também adotou uma postura crítica com relação ao neoconstitucionalismo. No entanto, diferentemente de Lenio Streck, que defende uma posição de ruptura com o positivismo normativista, Ferrajoli acredita que as principais características do constitucionalismo do segundo pós-guerra estariam no fato de operarem um verdadeiro aperfeiçoamento do positivismo jurídico, a partir da função normativa atribuída aos direitos fundamentais. Nesse sentido, ao rejeitar o neoconstitucionalismo, Ferrajoli defende que sua proposta teórica ficaria mais bem colocada como Constitucionalismo Garantista. Para melhores esclarecimentos a respeito desse tema, ver: FERRAJOLI, Luigi; STRECK, Lenio Luiz; TRINDADE, André Karam. *Garantismo, hermenêutica e (neo)constitucionalismo: um debate com Luigi Ferrajoli*. Porto Alegre: Livraria do Advogado, 2012. Especialmente os artigos de Luigi Ferrajoli, Lenio Streck e Rafael Tomaz de Oliveira.

[104] Cf. STRECK, Lenio Luiz. Diálogos (neo)constitucionais. In: OTTO, Écio; POZZOLO, Susanna. *Neoconstitucionalismo e positivismo jurídico: as faces da teoria do direito em tempos de interpretação moral da Constituição*. 3ª ed., Florianópolis: Conceito Editorial, 2012, p. 191. Para uma crítica a decisão judicial enquanto ato de vontade, ver: STRECK, Lenio Luiz. *O que é isto – decido conforme minha consciência?* 2ª ed., Porto Alegre: Livraria do Advogado, 2011.

paradigma constitucional não pode ser reduzido ao domínio autoritário da subjetividade de quem tem a função pública de aplicar o direito.

Certamente, o Constitucionalismo Contemporâneo não substituiu a discricionariedade do legislador pela discricionariedade dos juízes, pois está ciente de que uma democracia não pode depender das preferências pessoais de alguém que se encontra no exercício de uma função judicial. Dessa forma, a superação do positivismo jurídico e das demais teorias neoconstitucionalistas, que também apostam em posições voluntaristas, é condição de possibilidade para o afastamento dos diversos ativismos judiciais proporcionados pela discricionariedade. O Estado Democrático de Direito não propõe um retorno ao juiz boca da lei, do positivismo exegético, ou a abertura para um juiz que decide arbitrariamente a partir dos valores. Na verdade, nos dias atuais, o Poder Judiciário também está limitado pelo novo constitucionalismo, sendo que suas manifestações institucionais sempre devem ser pautadas por argumentos de princípio, preservando a autonomia que o direito conquistou no novo constitucionalismo.

Constituição e Poder
LIMITES DA POLÍTICA NO ESTADO DE DIREITO

2. A relação entre o Direito e a Política no contexto brasileiro

Existem diversas maneiras de se analisar a formação do Estado brasileiro e sua estrutura de dominação política. São análises que envolvem questões históricas e teóricas que se determinam reciprocamente, sempre aglutinadas em determinadas orientações ou linhagens do pensamento social.[105] Algumas orientações priorizam um ou outro aspecto da sociedade, enquanto outras procuram formular visões mais integrativas, que relacionam o econômico, o político e o jurídico para melhor traçar sua linha de estudo. Dessa forma, autores como Gilberto Freyre, Sérgio Buarque de Holanda, Caio Prado Jr. e Raymundo Faoro apresentaram estudos bem interessantes nesta seara, inovando na maneira de se estudar e compreender a realidade brasileira. Com posições teóricas bem diferentes, cada um desses autores apresentou importantes contribuições para explicar as transformações da sociedade brasileira e ofereceu diferentes respostas para uma questão que continua a inquietar os estudiosos das Ciências Sociais: afinal, como foi construída a história institucional desse país ao longo do tempo?

Nesse sentido, foi a partir de *Casa-grande e senzala*, *Raízes do Brasil* e *Evolução política do Brasil* que uma geração formada na década de 1930 começou a formular respostas inovadoras para o pensamento político-social brasileiro. O anticonvencionalismo e o volume de informação, apresentado nestas três obras, foi resultado da incorporação de novos referenciais teóricos que ajudaram, naquele momento, a superar o velho problema da degeneração racial, muito presente em autores como Oliveira Viana e Sílvio Romero.[106] Desse modo, essas

---

[105] Para uma análise das diversas correntes do pensamento social brasileiro, ver: IANNI, Octavio. Tendências do pensamento brasileiro. In: *Tempo Social*. São Paulo: Revista de Sociologia da USP, nº 12, novembro de 2000.

[106] Cf. WEFFORT, Francisco. *Formação do pensamento político brasileiro: ideias e personagens*. São Paulo: Ática, 2006, p. 285. Em *Casa-grande e senzala*, Gilberto Freyre procurou se distanciar das apreciações negativas feitas por Oliveira Viana com relação à questão racial. A partir da influência de Franz Boas, Freyre passou a separar a questão racial da questão cultural, o que tor-

três obras tiveram enorme importância para a formação do pensamento político brasileiro e influenciaram toda uma geração formada na primeira metade do século XX, num período marcado pela modernização do Estado e da sociedade após a ascensão da ditadura Vargas. De acordo com Francisco Weffort, estes autores se consagraram como verdadeiros intérpretes da realidade brasileira, sendo até hoje reconhecidos como clássicos do pensamento político moderno.[107]

No entanto, apesar da originalidade e do indiscutível brilhantismo presente nos trabalhos de Gilberto Freyre, Sérgio Buarque de Holanda e Caio Prado Jr., é possível perceber que certos aspectos teóricos, presentes em suas respectivas obras, acabaram impedindo uma análise mais completa da realidade brasileira. Na verdade, a tentativa de definir a personalidade ou o caráter do homem brasileiro, muito presente nos dois primeiros autores, e a forte tendência economicista, presente no último autor, não oferecem uma posição adequada para a compreensão dos problemas que o presente capítulo pretende abordar. No primeiro caso, o projeto teórico de *Casa-grande e senzala* e *Raízes do Brasil* foi desconstruído principalmente pelo antropólogo Dante Moreira Leite, que, na década de 1950, apresentou um trabalho esclarecedor a respeito das deficiências de diversas obras que se enveredaram pela análise do caráter do povo brasileiro, ao demonstrar a inexistência de qualquer prova científica capaz de afirmar que um povo possa ter características psicológicas inexistentes em outro, como acontece com o estereótipo do "jeitinho brasileiro" para tratar do problema da corrupção na esfera pública;[108] já com relação ao segundo caso, a tentativa de explicar a realidade brasileira por meio do referencial teórico marxista, adotado pela primeira vez por Caio Prado Jr. em *Evolução Política do Brasil*, foi criticado por Raymundo Faoro em *Os donos do poder*, que demonstrou as limitações do materialismo

---

nou possível o reconhecimento da miscigenação como um elemento central em seus estudos, afastando as apreciações negativas feitas com relação às chamadas "raças inferiores". Dessa maneira, ao superar um certo complexo de inferioridade, muito presente em alguns trabalhos que enxergavam no negro a principal causa da degradação social, Gilberto Freyre destacou os ricos atributos culturais de negros e brancos para a formação da nação brasileira. Para mais informações a respeito do problema da degeneração racial no pensamento político brasileiro, ver: BORGES, Dain. "Inchado, feio, preguiçoso e inerte": a degeneração do pensamento social brasileiro, 1880 – 1940. In: *Teoria & Pesquisa*. São Carlos: Revista de Ciência Política da UFSCar, nº 47, julho de 2005.

[107] Cf. WEFFORT, Francisco. *Formação do pensamento político brasileiro: ideias e personagens*. São Paulo: Ática, 2006, p. 279.

[108] Par uma crítica a esse projeto teórico presente no pensamento político brasileiro, ver: LEITE, Dante Moreira. *O caráter nacional brasileiro*. São Paulo: Pioneira, 1976.

dialético para a compreensão das instituições políticas na sua totalidade.[109]

Com efeito, em 1958, Faoro produziu um longo ensaio a respeito da formação do patronato político brasileiro, que propiciou um novo manejo dos diversos conceitos que Max Weber utilizava para analisar a realidade europeia. Antes de Raymundo Faoro, Sérgio Buarque de Holanda havia feito uso do conceito de patrimonialismo para definir a personalidade do homem brasileiro, caracterizado por ele como "homem cordial", que, na vida pública, não distinguia o interesse particular do interesse coletivo. No entanto, diferentemente de Sérgio Buarque de Holanda, Faoro procurou explicar que as origens dos diversos problemas existentes na realidade política brasileira não estavam na personalidade dos homens, mas sim em outros elementos político-institucionais que tiveram seu nascedouro no século XIV, durante a formação do Estado português.[110] Nesse sentido, em Raymundo Faoro, os desvios que aconteciam na esfera pública deixaram de ser explicados como uma característica do caráter do povo brasileiro, para serem analisados como uma questão relacionada à estrutura de poder que os portugueses implantaram durante a colonização e que, certamente, após a chegada da família real em 1808, proporcionou a formação de uma dispendiosa máquina administrativa criada fundamentalmente para contemplar os membros mais seletos da aristo-

---

[109] Durante muitos anos a teoria marxista dominou as Ciências Sociais no Brasil. Ainda na década de 1950, na atmosfera particular da USP, esta corrente de pensamento conquistou espaço significativo entre os professores que primeiramente ajudaram a organizar o Seminário sobre Marx e que, mais tarde, também estiveram envolvidos na organização do Centro Brasileiro de Análise e Planejamento (Cebrap), como Fernando Henrique Cardoso, Ruth Cardoso, Michel Levy, Octávio Ianni, Paul Singer, José Arthur Giannotti, Francisco Weffort e Fernando Novais. Para uma análise dessas questões, ver: SORJ, Bernardo. *A construção intelectual do Brasil contemporâneo: da resistência à ditadura ao governo FHC*. Rio de Janeiro: Jorge Zahar Ed., 2001.

[110] Cf. RICUPERO, Bernardo; FERREIRA, Gabriela Nunes. Raymundo Faoro e as interpretações do Brasil. In: *Perspectivas: Revista de Ciências Sociais*. Araraquara, v. 28, 2005, p. 51. Segundo Bernardo Ricupero e Gabriela Nunes, "O diferencial na explicação do Brasil de Faoro não está, entretanto, simplesmente no uso de categorias weberianas, mas na maneira como ele maneja essas referências, enfocando, por exemplo, certas questões e não outras. Aqui é útil a comparação com Sérgio Buarque de Holanda. *Raízes do Brasil* já havia utilizado ferramentas teóricas weberianas para analisar a experiência brasileira. No entanto, como o próprio Faoro insiste, a maneira do historiador paulista entender o patrimonialismo em seu livro de estreia ainda pertence fundamentalmente a outro momento do pensamento social e político brasileiro, aquele que, dentro da interpretação privatista, insistia na influência do patrimonialismo na formação da sociedade brasileira. Ou melhor, Holanda vê o comportamento do funcionário patrimonial como uma extensão, em direção a outras esferas, das práticas prevalecentes na família patriarcal, o que caracterizaria uma 'invasão do público pelo privado'. A maneira de *Os donos do poder* interpretar o patrimonialismo é, porém, diferente e até oposta a de *Raízes do Brasil*. Para Faoro, o dominante no Brasil não é o ambiente doméstico, onde se desenvolve o patriarcalismo, mas o estatal, com o qual está relacionado o aparecimento do patrimonialismo".

cracia portuguesa,[111] que, depois de abandonarem seus cargos e suas propriedades para fugirem do exército de Napoleão, continuaram a apoiar-se no erário público para sustentar a boa vida e os antigos privilégios que possuíam na metrópole.[112]

A interpretação de Faoro toma como traço dominante da história do Brasil a tutela autoritária da sociedade pelo Estado. Para ele essa situação contrariava a análise marxista, ao demonstrar que o Estado não agia de maneira mais autônoma somente em momentos históricos excepcionais, numa situação onde as classes sociais alcançavam maior equilíbrio político. Por outro lado, a maneira como Faoro compreende a formação do Brasil também se coloca numa posição antagônica a tradição privatista sustentada por Oliveira Viana e Nestor Duarte, que no caso davam uma maior ênfase no poder dos grandes proprietários territoriais frente ao Estado. Segundo Faoro, as experiências políticas de Portugal e do Brasil haviam desmentido essas teses, proporcionando o nascimento de um Estado independente e autônomo, que se coloca(va) sempre acima da própria nação. Em todos os períodos históricos o estamento se comportaria como verdadeiro árbitro da sociedade. Assim, de acordo com Bernardo Ricupero e Gabriela Nunes, "[...] o maior problema do Brasil não é para Faoro a falta de poder do Estado, mas justamente o oposto: o poder estatal oprimindo a nação".[113]

Dessa forma, de acordo com Faoro, o Estado brasileiro foi formado por um estamento patrimonialista adequado ao modelo tradicional de dominação política, capaz de se amoldar a todos os momentos de transição e perpetuar um controle político onde o exercício do poder não é uma função pública, mas simplesmente objeto de apropriação de interesses privados. Segundo ele, esse estamento burocrático jamais correspondeu àquela burocracia moderna, como um aparelhamento neutro, constituído em carreira administrativa e que sempre deve atuar com padrões bem assentados de racionalidade e lega-

---

[111] Cf. CARVALHO, José Murilo de. *A construção da Ordem: a elite política imperial; Teatro de Sombras: a política imperial*. 2ª ed., Rio de Janeiro: Editora UFRJ, 1996, p. 27. De acordo com José Murilo de Carvalho, enquanto na Inglaterra a aristocracia precisava menos da burocracia estatal para se manter; em Portugal a aristocracia sempre dependeu do Estado para sobreviver, apoiando-se na máquina burocrática para preservar seus privilégios. Segundo ele, "a aristocracia inglesa não dependia do emprego público para sustento material. O que ela prestava era quase um serviço litúrgico, para usar a expressão weberiana, de vez que podia viver das gordas rendas de suas terras. A de Portugal dependia cada vez mais do emprego para sobrevivência, donde sua dependência do Estado e seu crescente caráter parasitário".

[112] Cf. FAORO, Raymundo. *Os donos do poder: formação do patronato político brasileiro*. 3ª ed., São Paulo: Globo, 2001, p. 285 – 301.

[113] Cf. RICUPERO, Bernardo; FERREIRA, Gabriela Nunes. Raymundo Faoro e as interpretações do Brasil. In: *Perspectivas: Revista de Ciências Sociais*. Araraquara, v. 28, 2005.

lidade.[114] Desse modo, o estamento burocrático encontra-se posicionado acima dos demais setores da sociedade brasileira, dedicando-se unicamente a tomar conta dos cargos oferecidos pela administração pública e sempre se posicionando no melhor lugar para a defesa de interesses meramente privados, já que, para esse "nobre" setor, o público e o privado nunca estão totalmente separados. Por isso, Faoro afirmava que:

> Sobre a sociedade, acima das classes, o aparelhamento político – uma camada social, comunitária embora nem sempre articulada, amorfa muitas vezes – impera, rege e governa, em nome próprio, num círculo impermeável de comando. Esta camada muda e se renova, mas não representa a nação, senão que, forçada pela lei do tempo, substitui moços por velhos, aptos por inaptos, num processo que cunha e nobilita os recém-vindos, imprimindo-lhes os seus valores.[115]

Certamente, essa interpretação de Faoro demonstrou que, desde o início da colonização, predominou no Brasil a força e o arbítrio do poder central, que apareceu primeiramente durante o domínio português, atravessou o Império e chegou até a República sendo exercido de maneira autoritária pelo estamento burocrático. Ao contrário da interpretação marxista, Faoro evidenciou que o Estado brasileiro não era reflexo dos interesses de uma classe dominante, primeiramente manifestados pelos latifundiários e, um pouco mais tarde, pela burguesia, que mal havia se constituído enquanto tal. Na verdade, acima das classes sempre esteve um grupo social controlando a máquina pública e exercendo o poder político em causa própria.

Nesse sentido, a partir desses elementos apresentados por Faoro é possível compreender a difícil relação entre direito e política ao longo da história brasileira. Na verdade, a história do constitucionalismo brasileiro foi, na maioria dos casos, a história do poder político arbitrário se sobrepondo ao direito. Aqui, a maior parte dos mecanismos jurídicos, criados no contexto estadunidense e no continente europeu, serviu apenas para fortalecer o autoritarismo exercido pelo governo

---

[114] Cf. WEBER, Max. *Economia y Sociedad. Esbozo de sociología comprensiva.* México: Fondo de Cultura Económica, 1999. De acordo com Max Weber, diferentemente do estamento burocrático, a burocracia se organiza como uma camada profissional, capaz de assegurar o bom funcionamento do Estado e da administração pública. Desse modo, a burocracia não invade e dirige a esfera econômica, política e financeira, como ocorre com o estamento, mas deve aparecer como um aparelhamento neutro, em qualquer tipo de Estado ou em qualquer forma de organização do poder, permitindo a realização do serviço público de maneira profissional e técnica, distanciando-se das influências político-partidárias. Assim, nos termos de Weber, a burocracia deve ordenar o comportamento humano por meio do exercício da autoridade racional-legal, para o atendimento de objetivos organizacionais gerais, a partir de uma rigorosa divisão de tarefas, com a criação de regras detalhadas e de uma hierarquia que possa garantir sua execução.

[115] Cf. FAORO, Raymundo. *Os donos do poder: formação do patronato político brasileiro.* 3ª ed., São Paulo: Globo, 2001, p. 824.

central, que procurava incorporar, apenas *pro forma*, os diversos institutos elaborados pelo constitucionalismo moderno. De acordo com Faoro, *"mandar, e não governar, será o alvo – mando do homem sobre o homem, do poderoso sobre o fraco, e não o institucionalizado comando, que impõe, entre o súdito e a autoridade, o respeito a direitos superiores ao jogo do poder"*.[116] Assim, em lugar do poder político limitado pelo direito, foi instituído o "mandonismo",[117] uma forma de dominação pré-moderna sempre disposta a atravessar as instituições "públicas" para benefício daqueles que se autoproclama(va)m *donos do poder*.

Como foi exposto no primeiro capítulo, tanto nos movimentos revolucionários europeus do século XVIII, como na luta dos colonos da América do Norte pela independência, existia uma forte preocupação em limitar o poder político exercido de maneira arbitrária. No primeiro caso, a resposta dos revolucionários foi o fortalecimento do Parlamento, por meio da *volonté générale*; no segundo caso, a resposta dos colonos estadunidenses foi o fortalecimento do Poder Judiciário, por meio da *judicial review*. Ao contrário dessas experiências, no Brasil todos esses mecanismos criados pelo constitucionalismo moderno foram incorporados de maneira completamente incoerente, sendo manipulados conforme os interesses do estamento burocrático que primeiramente se reuniu em torno do imperador, para mais tarde, após a proclamação da República – que na verdade foi um golpe de Estado – se reunir em torno do presidente para exercer o "mandonismo" em vez de um governo constitucional.

Logicamente, nessa primeira etapa do constitucionalismo brasileiro – anterior a 1988, que o presente capítulo pretende abordar – ainda não estavam presentes os fenômenos da judicialização da política e do ativismo judicial. Na verdade, nos regimes políticos que antecederam a Constituição de 1988, não estavam presentes as condições para que o Poder Judiciário pudesse exercer sua função de maneira independente, sendo constantemente pressionado por agentes políticos externos a sua estrutura de funcionamento para que os interesses governamentais nunca fossem contrariados por suas decisões. Nesse sentido, as decisões judiciais tomadas contrariamente ao ordenamento constitucional da época, não podem ser analisadas nos mesmos

---

[116] Cf. FAORO, Raymundo. *Os donos do poder: formação do patronato político brasileiro*. 3ª ed., São Paulo: Globo, 2001, p. 357.

[117] Cf. CARVALHO, José Murilo de. Mandonismo, Coronelismo e Clientelismo: uma discussão conceitual. In: *Dados*. Rio de Janeiro: IUPERJ, vol. 40, nº 2, 1997, p. 133. De acordo com José Murilo de Carvalho, "o mandonismo não é um sistema, é uma característica da política tradicional. Existe desde o início da colonização e sobrevive ainda hoje em regiões isoladas. A tendência é que desapareça completamente à medida que os direitos civis e políticos alcancem todos os cidadãos. A história do mandonismo confunde-se com a história da formação da cidadania".

termos em que está sendo trabalhado o problema do ativismo judicial neste trabalho.

Certamente, o ativismo é sempre uma conduta arbitrária, um tipo de corrupção do sistema constitucional que somente pode ocorrer em contextos democráticos, onde o Poder Judiciário tem a sua autonomia funcional devidamente respeitada pelos demais órgãos políticos, o que não era o caso dos regimes autoritários anteriores a 1988. Por isso, no presente capítulo, o tema central a ser analisado não será um debate acerca dos fenômenos da judicialização da política e do ativismo judicial, mas sim a maneira como o Poder Judiciário foi instrumentalizado pelo estamento burocrático que governou o país, do Império à ditadura militar, incorporando apenas *pro forma* diversos mecanismos constitucionais de limitação do poder político e permitindo que o direito fosse transformado naquilo que convenientemente interessava aos *donos do poder*. Assim, o presente capítulo pretende analisar a criação e o funcionamento do Supremo Tribunal de Justiça do Império, do Poder Moderador, do Supremo Tribunal Federal, do controle difuso e do controle concentrado de constitucionalidade, que foram importados das experiências europeia e estadunidense de maneira completamente incoerente e instituídos no Brasil durante a vigência de regimes autoritários que manipulavam o Poder Judiciário conforme os alvedrios de quem exercia o poder.

2.1. As contradições da Constituição de 1824: a incorporação do Poder Moderador e a atuação do Poder Judiciário no contexto do Império

O discurso proferido pelo imperador D. Pedro I, no dia da instalação da Assembleia Geral Constituinte e Legislativa,[118] é uma "boa"

---

[118] Cf. CATTONI DE OLIVEIRA, Marcelo Andrade; GOMES, David Francisco Lopes. Entre Direito e Política – Novas contribuições para a teoria do Poder Constituinte e o problema constitucional da fundação moderna da legitimidade. In: ——; MACHADO, Felipe. *Constituição e Processo: entre o Direito e a Política*. Belo Horizonte: Editora Fórum, 2011, p. 261. Ao contrário do que ocorreu na primeira Constituinte realizada no Brasil, onde a Assembleia exerceu simultaneamente o papel de Poder Constituinte e de Poder Constituído, sendo submetido constantemente aos interesses do imperador, Sieyes sustentou, durante o processo revolucionário francês, que uma Constituição deveria ser elaborada por um Poder soberano imanente a nação e anterior a todos os outros Poderes Constituídos. Na verdade, o que ocorreu naquele momento foi um pequeno impasse, pois os revolucionários franceses não conseguiriam justificar as rupturas jurídico-políticas com base no direito francês do período absolutista. A respeito desse processo político Marcelo Cattoni afirma que, "[...] na impossibilidade de recorrer à vontade suprema de um absoluto religiosamente transcendente que legitimasse o poder político e a autoridade das leis, a teoria do poder constituinte apresenta a Nação, um novo absoluto, igualmente transcendente, mas não mais religioso em sentido estrito". Assim, diante de um certo "vazio jurídico", Sieyes

Constituição e Poder
LIMITES DA POLÍTICA NO ESTADO DE DIREITO

maneira de iniciar a história do constitucionalismo brasileiro, que, em diversos momentos de sua trajetória, ficou marcada pela sobreposição do poder arbitrário ao direito. Neste dia, após ser recebido por uma comissão de deputados constituintes, o imperador se dirigiu à Assembleia por meio de um discurso arrogante e autoritário, afirmando que esperava dos deputados uma nova Constituição digna de sua imperial aceitação e censurando, de maneira explícita, qualquer tentativa de se estabelecer um controle constitucional das funções políticas que exercia desde a separação entre Brasil e Portugal. Este pronunciamento, redigido por José Bonifácio e apoiado principalmente pelo partido dos portugueses,[119] foi um aviso para que os deputados não insistissem na aprovação de qualquer mecanismo de limitação política que buscasse submeter o poder imperial a ordem constitucional.[120] Segundo Faoro, "[...] a Constituinte funcionaria, não por direito próprio, mas enquanto fiel ao sistema monárquico, condenada, se rebelde ou extraviada, à dissolução já fixada nos conselhos do trono".[121] Assim, após vários debates acirrados e diante da insistência da maioria dos constituintes em contrariar a vontade do imperador, tropas leais a D. Pedro I encerraram os trabalhos da primeira Assembleia Constituinte e deram início à tradição golpista que durante muito tempo perdurou na política brasileira.[122]

Para justificar essa medida autoritária, alguns periódicos favoráveis ao imperador começaram a sustentar uma doutrina que legitimava o golpe desferido contra a Assembleia. De acordo com estes panfletos, não era o povo que possuía a soberania, mas sim o imperador, que havia recebido do Senado da Câmara do Rio de Janeiro o título de Defensor Perpétuo sem que, ao mesmo tempo, caísse sobre ele a imposição de algum mecanismo que limitasse sua atuação política.

---

construiu uma concepção de Poder Constituinte totalmente distinta dos Poderes Constituídos. Para uma melhor compreensão desta questão, ver: ARENDT, Hannah. *Da revolução*. 2ª ed., São Paulo: Ática, 1990, p. 156 – 171.

[119] Cf. BONAVIDES, Paulo; ANDRADE, Paes de. *História Constitucional do Brasil*. 4ª ed., Brasília: OAB Editora, 2002, p. 33.

[120] Cf. RODRIGUES, José Honório. *A Assembleia Constituinte de 1823*. Petrópolis: Editora Vozes, 1974, p. 202 – 203. De acordo com a análise de José Honório Rodrigues, o núcleo de poder mais próximo do imperador D. Pedro I era formado principalmente pelo partido dos portugueses, que, naquele momento, estava interessado em fortalecer o regime monárquico contra alguns setores da elite brasileira. Segundo Rodrigues, "a rivalidade entre nativos e adotivos crescia dia a dia, desde que os Andradas abandonaram o poder, porque D. Pedro passou a ser dominado e aconselhado pela Domitila, por Francisco Gomes da Silva, o Chalaça, e João da Rocha Pinto, que serviam somente aos interesses portugueses".

[121] Cf. FAORO, Raymundo. *Os donos do poder: formação do patronato político brasileiro*. 3ª ed., São Paulo: Globo, 2001, p. 325.

[122] Cf. VILLA, Marco Antonio. *A história das Constituições brasileiras*. São Paulo: Leya, 2011, p. 15.

Para Leonel Severo Rocha, "a monarquia era um sistema que tentava aparentar, formalmente, ser um regime liberal, mas, na realidade, estava fundada numa rígida centralização burocrática e numa economia de exportação calcada na mão de obra escrava".[123] Desse modo, o que ocorreu no Brasil imperial foi uma verdadeira aberração à teoria constitucional, com a soberania popular entregue ao imperador, e não à Assembleia Constituinte.

A respeito dessa situação, Christian Lynch afirma que "qualquer tentativa [...] de reduzir a autoridade monárquica aos limites do modelo de 1791 (revolução francesa), importaria em uma traição dos deputados ao juramento prestado na posse, ocasião em que se haviam comprometido a guardar fidelidade à vontade nacional".[124] Em virtude dessa condição, a doutrina favorável ao governo despótico propugnou o direito de D. Pedro I revogar os poderes constituintes e legislativos delegados aos deputados, sendo consideradas legítimas todas as medidas arbitrárias tomadas pelo regime, já que a sua condição de soberano precedia à própria Assembleia Constituinte.[125] Portanto, o projeto constitucional de 1824, elaborado após a dissolução da Assembleia, buscou apenas a conciliação entre o reconhecimento de uma liberdade meramente formal com a existência de um Poder Executivo extremamente forte, preexistente ao próprio pacto jurídico-político.

Certamente, ao contrário do constitucionalismo europeu – que no século XVIII ergueu importantes barreiras contra o absolutismo –, o constitucionalismo brasileiro começou como uma farsa elaborada pelo déspota que governava o país naquele momento, ao outorgar uma Constituição que serviria apenas para legitimar os desmandos de sua dinastia. Em substituição à Assembleia Constituinte dissolvida pelas tropas imperiais, D. Pedro I confiou ao Conselho de Estado[126] a

---

[123] Cf. ROCHA, Leonel Severo. *A democracia em Rui Barbosa: o projeto político liberal-racional*. Rio de Janeiro: Liber Juris, 1995, p. 99.

[124] Cf. LYNCH, Christian Edward Cyril. O discurso político monarquiano e a recepção do conceito de poder moderador no Brasil (1822-1824). In: *Dados*. Rio de Janeiro: IUPERJ, vol.48, n.3, 2005, p. 624.

[125] Cf. RODRIGUES, José Honório. *A Assembleia Constituinte de 1823*. Petrópolis: Editora Vozes, 1974, p. 224.

[126] O Conselho de Estado foi uma instituição característica das monarquias oitocentistas e surgiu em diversas partes da Europa continental. Funcionou como um verdadeiro Tribunal administrativo na França, já que o Poder Judiciário estava impedido de interferir em questões relacionadas à atividade política dos Poderes Executivo e Legislativo. No contexto brasileiro esta instituição apareceu em três momentos do Império: o primeiro foi o Conselho dos Procuradores Gerais das Províncias, convocado por D. Pedro I em 1822; o segundo também foi convocado por D. Pedro I, em 1823, após a dissolução da Assembleia Constituinte; e o terceiro Conselho de Estado foi criado por meio de uma lei ordinária, em 1841, desaparecendo completamente após a ascensão da

Constituição e Poder
LIMITES DA POLÍTICA NO ESTADO DE DIREITO

missão de elaborar a nova Constituição do Império, que, segundo ele, seria duplicadamente mais liberal. O imperador sabia que uma constitucionalização apenas formal era necessária para ocultar suas intenções puramente autoritárias e impedir reações mais violentas contra o regime em que estava assentada a sua dominação política. Assim, em concordância com Marcelo Neves, "a ineficácia jurídica do texto constitucional era compensada pela sua eficiência política como mecanismo simbólico de 'legitimação'".[127]

Nesse sentido, a história do constitucionalismo brasileiro foi iniciada a partir da instrumentalização do direito pelo imperador D. Pedro I, que, para assegurar o bom funcionamento de uma monarquia despótica, fez com que a primeira Constituição do Brasil, outorgada em 1824, incorporasse diversas instituições do constitucionalismo moderno sem ao menos levar em consideração a maneira como haviam sido geradas em seu contexto originário. O exemplo da incorporação do Poder Moderador pode ser considerado um "excelente" caso de distorção teórica de uma instituição que, segundo as lições de Benjamin Constant, havia sido elaborada originariamente para funcionar no âmbito de uma monarquia constitucional, mas que, no contexto brasileiro, teve de servir aos interesses de uma monarquia despótica. De fato, ao contrário do império brasileiro, todas as discussões ocorridas no ambiente da revolução francesa manifestavam a preocupação com a organização de um Poder capaz de funcionar como estabilizador dos conflitos entre Executivo e Legislativo. Nesse sentido, o dilema dos revolucionários era definir qual Poder do Estado deveria representar a vontade soberana do povo e, ao mesmo tempo, como ficaria o monarca após o fim do regime absolutista.

Foi diante dessa situação que o conceito de Poder neutro apareceu em algumas das principais propostas constitucionais apresentadas pelos revolucionários e também por alguns teóricos do século XIX. Sieyès, que durante o processo revolucionário defendeu a Assembleia Constituinte como representante soberana da nação, chegou a cogitar a possibilidade de formação de um conselho constitucional

---

República. Sua atuação esteve voltada tanto para questões não contenciosas, no exame de leis, decretos e na proposição de leis e regulamentos para os assuntos que examinava; como também para a função de Tribunal administrativo, ao aceitar os recursos provenientes de decisões administrativas contenciosas. Desse modo, o papel institucional exercido por este órgão foi extremamente relevante para a estrutura de poder criada pelo Império, com seus membros vitalícios indicados pelo imperador e também dispensados por este nos momentos em que julgava mais conveniente. Para uma análise da atuação deste órgão político de assessoria do imperador, ver: LOPES, José Reinaldo de Lima. *O oráculo de Delfos: Conselho de Estado e direito no Brasil oitocentista.* São Paulo: Saraiva, 2010.

[127] Cf. Cf. NEVES, Marcelo. *A constitucionalização simbólica.* 3ª ed., São Paulo: Martins Fontes, 2011, p. 180.

como Poder neutro, encarnado em um Júri ou em um Senado; enquanto Constant, um pouco mais tarde, defendeu a ideia de uma monarquia constitucional como detentora do Poder Moderador, que deveria sempre ficar afastada das funções governamentais e posicionada na qualidade de árbitro do sistema político, conforme o famoso *slogan* de Thiers de que o rei deveria reinar, mas não governar.

Contudo, diferentemente destas propostas, no Brasil de 1824 o Poder Moderador não foi elaborado como uma instituição neutra, colocada acima dos conflitos institucionais entre Executivo e Legislativo, mas sim como um mecanismo fundamental para o exercício arbitrário do poder político exercido pelo monarca. Na verdade, nos moldes em que a teoria do poder neutro foi trabalhada pelo estamento burocrático, o Poder Moderador acabou mobilizado para fins completamente diversos àqueles exigidos numa monarquia constitucional. Nas palavras de Frei Caneca, um dos principais expoentes da Confederação do Equador, este Poder era considerado a chave mestra da opressão movida pelo imperador.[128] De fato, o papel que o Poder Moderador recebeu no contexto brasileiro não estava alinhado ao projeto teórico de Benjamin Constant, mas sim com o modelo de monarquia forte presente no discurso monarquiano do início da revolução francesa.[129] Nesse sentido, apesar de o Poder Moderador ter sido difundido por seus *fautores* brasileiros como uma invenção da moderna escola francesa de direito público – que no caso estava voltado mais para a instituição de uma monarquia constitucional –, a real intenção do patronato político foi perpetuar a sua dominação política por meio do imperador, consolidando um tipo de monarquia autoritária que estaria posicionada acima da própria Constituição.

Logicamente, a criação do Poder Moderador serviu aos desígnios mais autoritários daquela época, sendo fundamental para a formação da estrutura de poder que perdurou durante quase todo o século XIX. Em concordância com Bonavides e Paes de Andrade, é possível afirmar que a sua incorporação resultou numa esdrúxula

---

[128] Cf. Manifesto de Frei Caneca na reunião da Câmara da cidade do Recife de 11 de março de 1824. In: BONAVIDES, Paulo; VIEIRA, R. A. do Amaral (orgs.). *Textos políticos de História do Brasil*. Fortaleza, Imprensa Universitária, 1973. Influenciada pelo modelo estadunidense, a Confederação do Equador formou uma república federativa a partir das Províncias de Pernambuco, Paraíba, Rio Grande do Norte e Ceará, e acabou reprimida duramente pelas forças imperiais, por meio da prisão e da condenação à morte de diversas lideranças do movimento, como foi o caso de Frei Caneca. A respeito da luta pela descentralização política desde os tempos do Império, ver: BERCOVICI, Gilberto. *Dilemas do Estado federal brasileiro*. Porto Alegre: Livraria do Advogado, 2004.

[129] Cf. LYNCH, Christian Edward Cyril. O discurso político monarquiano e a recepção do conceito de Poder Moderador no Brasil (1822-1824). In: *Dados*. Rio de Janeiro: IUPERJ, 2005, vol.48, n.3.

constitucionalização do absolutismo,[130] ao conferir a um monarca a possibilidade de exercer funções de governo e de interferir nos trabalhos dos demais Poderes, sem que com isso ao menos assumisse alguma responsabilidade política perante a sociedade, já que apenas os ministros do gabinete – que no caso também eram indicados por ele –, acabavam recebendo tal peso. Por meio do Poder Moderador, o monarca podia nomear os senadores vitalícios, sancionar as leis feitas pelo legislador, aprovar ou suspender as resoluções dos Conselhos Provinciais, nomear e demitir os ministros de Estado, nomear os magistrados, dissolver a Câmara dos deputados, enfim, concentrar poderes que lhe permitiam interferir em diversos setores do Estado e da sociedade.[131]

Nesse sentido, a forma como o parlamentarismo funcionou no Império é um importante exemplo da maneira como a monarquia interferia na formação de um gabinete ministerial. O imperador, segundo Faoro, "preside o fenômeno, não a competição, mas a designação, não a autenticidade da fonte, mas a legitimidade da camada que nomeia".[132] Ao contrário do parlamentarismo estabelecido na Inglaterra, onde o governo era constituído a partir da formação da maioria parlamentar, sem que o monarca interferisse nas disputas políticas para favorecer um partido ou outro; no Brasil imperial, muitas vezes o monarca primeiramente formava o governo, para depois os membros do gabinete estabelecerem sua maioria parlamentar. As eleições eram apenas um verniz de legitimidade para a decisão tomada previamente pelo trono, que decidia arbitrariamente a composição do governo e depois assistia às fraudes eleitorais realizadas por aqueles que tinham acabado de se apropriar do aparato burocrático. Tempos depois, diante do desgaste do gabinete formado pelo próprio imperador, todo o jogo político era iniciado novamente, com a destituição dos ministros pelo Poder Moderador e a entrega do governo para quem novamente era apontado pelo cetro real.

A respeito dessa estrutura de poder, dirigida pelo imperador, Streck afirmou que, "em lugar de um mecanismo de contenção dos demais poderes, alheio às suas atribuições específicas, [...], o Poder Moderador, apropriado pelo chefe do Poder Executivo, comanda a

---

[130] Cf. BONAVIDES, Paulo; ANDRADE, Paes de. *História Constitucional do Brasil*. 4ª ed., Brasília: OAB Editora, 2002, p. 106.

[131] Cf. LOPES, José Reinaldo de Lima. *O Direito na História: lições introdutórias*. 3ª ed., São Paulo: Max Limonad, 2000, p. 293 – 299.

[132] Cf. FAORO, Raymundo. *Os donos do poder: formação do patronato político brasileiro*. 4ª ed., São Paulo: Globo, 2008, p. 418.

administração e a política".[133] Por esse motivo, durante o século XIX, o direito acabou inteiramente instrumentalizado pelo imperador e pelo estamento burocrático, o que, consequentemente, tornou inexpressiva a atuação de uma das instituições mais importantes para a preservação dos direitos do cidadão,[134] que é o caso do Poder Judiciário. De acordo com Paulo Macedo, "a história do Judiciário brasileiro oitocentista é a história de uma constante redefinição das esferas de concentração de poder".[135] Desse modo, em situações em que o poder político se sobrepõe ao direito – como aconteceu durante todo o Império –, o desempenho das funções exercidas tanto pelo Executivo, como pelo Legislativo deixam de ser institucionais e passam a ser mais personalistas, ficando prejudicada a atuação do Poder Judiciário quanto à fiscalização dos atos praticados pelos mesmos. Na verdade, este papel secundário ocupado pelo Poder Judiciário foi resultado da posição irrelevante que o direito assumiu ao longo dos dois reinados, sendo colocado constantemente na condição de dependência da vontade do imperador.

Durante a monarquia, o cargo de juiz ainda não estava estruturado como uma carreira burocrática moderna, voltado para uma atuação independente de qualquer interferência política. Segundo Andréa Slemian,

> [...] a carreira dos magistrados era marcada pela passagem por diversos cargos, os quais incluíam funções judiciais e também administrativas, em que se adquiria experiência além de inserção definitiva no jogo político, inclusive partidário, desde as pequenas vilas até as mais altas esferas.[136]

A função judicial e a atividade política estavam atreladas ao modo de dominação política formado pelo Império, sendo o ingresso no Poder Judiciário considerado o primeiro passo para uma carreira

---

[133] Cf. STRECK, Lenio Luiz. *Jurisdição Constitucional e Hermenêutica: uma nova crítica do Direito*. 2ª ed., Rio de Janeiro: Forense, 2004, p. 407.

[134] Cf. LOPES, José Reinaldo de Lima. *O Direito na História: lições introdutórias*. 3ª ed., São Paulo: Editora Atlas, 2009, p. 289. A Constituição de 1824 reconhecia duas categorias de cidadãos: os passivos e os ativos. Os primeiros tinham os direitos civis de liberdade, propriedade e segurança de suas vidas e bens reconhecidos pelo Estado, mas não gozavam do direito de votarem e serem votados; já os cidadãos ativos tinham todos esses direitos reconhecidos pelo Estado e, ao mesmo tempo, gozavam plenamente de todos os direitos políticos. É importante ressaltar que os escravos não estavam incluídos em nenhuma dessas duas categorias de cidadãos existentes no Império. Assim, diante dessa rígida divisão social, ficava excluída grande parte da população brasileira de qualquer participação no sistema político brasileiro erguido durante o século XIX.

[135] Cf. GARCIA NETO, Paulo Macedo. O Judiciário no crepúsculo do Império (1871 – 1889). In: LOPES, José Reinaldo de Lima (org.). *O Supremo Tribunal de Justiça do Império: (1828 – 1889)*. São Paulo: Saraiva, 2010, p. 105.

[136] Cf. SLEMIAN, Andréa. O Supremo Tribunal de Justiça nos primórdios do Império do Brasil (1828 – 1841). In: LOPES, José Reinaldo de Lima (org.). *O Supremo Tribunal de Justiça do Império: (1828 – 1889)*. São Paulo: Saraiva, 2010, p. 35.

Constituição e Poder
LIMITES DA POLÍTICA NO ESTADO DE DIREITO

promissora na Câmara dos Deputados, no Senado e no Conselho de Estado.[137] Não havia incompatibilidade entre a magistratura e os outros cargos políticos, o que permitia ao juiz exercer um papel primordial nas disputas eleitorais entre os membros da oligarquia, que primeiramente se digladiavam para conquistar a mesa eleitoral – baseados na posição *feita a mesa, está feita a eleição*[138] –, para depois consolidar a vitória dos deputados governistas escolhidos previamente por um seleto grupo de eleitores.

Envolvidos no processo eleitoral desse período, os magistrados utilizavam a estrutura do Poder Judiciário para favorecer o grupo político do qual eram partícipes. Na verdade, estes juízes iniciavam suas articulações políticas no tempo em que ainda eram estudantes de direito em uma das duas principais Academias do país, como a Faculdade de Direito de São Paulo e a Faculdade de Direito de Olinda. Obviamente, o que menos interessava para eles, na época em que frequentavam estas duas instituições, eram o ensino jurídico e as discussões teóricas, dedicando a maior parte do seu tempo nas atividades político-partidárias que aconteciam por meio do periodismo.[139] Estes estudantes, que mais tarde acabavam se transformando em juízes, não eram preparados para enfrentar os problemas complexos do direito,

---

[137] Cf. KOERNER, Andrei. *Judiciário e Cidadania na constituição da República brasileira.* São Paulo: Editora Hucitec Ltda., 1998, p. 48. A respeito da participação política dos juízes, durante o período do Império, Andrei Koerner afirma que, "Assim a magistratura era a forma privilegiada de ingresso na elite política imperial. A carreira dos magistrados era dirigida para este objetivo e podia assumir caminhos diversos, de caráter judicial, político ou administrativo. A sua situação política era ao mesmo tempo a de representantes do poder imperial, de membros de um partido e, portanto, de aliados ou adversários das facções locais, e de juízes".

[138] Cf. FAORO, Raymundo. *Os donos do poder: formação do patronato político brasileiro.* 4ª ed., São Paulo: Globo, 2008, p. 424.

[139] Cf. ADORNO, Sérgio. *Os aprendizes do poder: o bacharelismo liberal na política brasileira.* Rio de Janeiro: Paz e Terra, 1988, p. 157. Os membros do Poder Judiciário do Império haviam sido formados em instituições pouco propícias ao ensino jurídico. Na verdade, o principal objetivo dessas primeiras Faculdades de Direito era a formação dos bacharéis que tomariam assento na estrutura burocrática do Estado. Desse modo, a criação em 11 de agosto de 1827 das Academias de São Paulo e Olinda – mais tarde transferida para o Recife – serviu fundamentalmente para moldar os aprendizes de estadistas do *ancien régime* que ocupariam os cargos mais importantes do Conselho de Estado, do Senado, da Câmara dos Deputados e da magistratura. Nesse sentido, num importante estudo sobre as atividades dos bacharéis e professores da Faculdade de Direito de São Paulo, Sérgio Adorno chega a destacar que, no século XIX, predominava neste ambiente a baixa produção de conhecimento e a indisciplina entre professores e estudantes. Havia pouquíssimos jurisconsultos entre eles e suas atividades estavam voltadas principalmente para o periodismo e a militância político-partidária. Segundo ele, "A vida acadêmica e a formação cultural e profissional do bacharel em São Paulo, durante a vigência da monarquia, nunca se circunscreveram às atividades curriculares e sequer se sustentaram às expensas das relações didáticas entre alunos e professores. A interferência das doutrinas difundidas no curso jurídico não residiu no processo de ensino-aprendizagem. Ao contrário, essa formação foi tecida nos intrestícios dos institutos acadêmicos e do jornalismo literário e político".

mas para participarem da política dirigida pelo imperador do alto da pirâmide social. Desse modo, a atuação institucional dos bacharéis em direito, que iam para o Poder Judiciário durante este período, não estava voltada primordialmente para a defesa dos direitos individuais, mas funcionava muito mais como instrumento do imperador e das facções políticas que disputavam espaço na estrutura burocrática do Estado.

Por outro lado, é importante ressaltar que o papel secundário exercido pelo Poder Judiciário, durante a Constituição de 1824, também tem relação com a influência teórica recebida do constitucionalismo francês, que, historicamente, sempre se posicionou com desconfiança em relação à atuação institucional dos juízes.[140] De acordo com Lenio Streck, "[...] o contexto em que ocorreu a revolução francesa e a influência das ideias de Rousseau e Montesquieu foram decisivos no papel (secundário) que foi dado ao Judiciário no que concerne ao controle de constitucionalidade das leis".[141] Nesse sentido, conforme foi analisado no primeiro capítulo deste trabalho, as condições políticas da França pós-revolucionária impediram que o Poder Judiciário assumisse uma posição importante na relação com os demais Poderes, o que tornou impossível, naquele momento, a criação de um controle jurisdicional de constitucionalidade. Ao importar a posição francesa o Império brasileiro não chegou a instituir uma jurisdição constitucional para controlar a atuação do imperador e, ao mesmo tempo, filtrar tudo aquilo que era aprovado no âmbito do Parlamento.[142] Diante de uma Constituição que pouco constituía e de um Poder Judiciário instrumentalizado pelo imperador e pelas oligarquias que disputavam um lugar junto ao trono, acabava restando pouco espaço para se pensar o direito sobreposto à política, com condições de dirigir os atos de

---

[140] Cf. LOPES, José Reinaldo de Lima. O Supremo Tribunal de Justiça do Império no apogeu do Império (1840 – 1871). In: ──. *O Supremo Tribunal de Justiça do Império: (1828 – 1889)*. São Paulo: Saraiva, 2010, p. 66.

[141] Cf. STRECK, Lenio Luiz. *Jurisdição Constitucional e Hermenêutica: uma nova crítica do Direito*. Rio de Janeiro: Forense, 2004, p. 411.

[142] Id., ibid. A ausência de controle jurisdicional de constitucionalidade e a transferência ao Poder Legislativo da função de velar pela Constituição possibilitaram que algumas leis, claramente inconstitucionais, fossem aprovadas pelo legislador ordinário. De acordo com Lenio Streck, a Constituição outorgada em 1824 trazia no art. 179, XIX, a seguinte posição: *"Desde já ficam abolidos os açoites, a tortura, a marca de ferro quente e todas as mais penas cruéis"*. No entanto, o Código Criminal de 1830 estabelecia no art. 60 que, "se o réu fosse escravo e incorresse em pena que não a capital ou a de galés, seria condenado na de açoites, e, depois de sofrê-los, será entregue a seu senhor, que se obrigará a trazê-lo com um ferro pelo tempo e maneira que o juiz determinar". Nesse sentido, mesmo diante da afronta escandalosa ao texto constitucional, as penas cruéis continuaram a ser aplicadas contra os escravos, impedindo que estes tivessem acesso aos direitos individuais garantidos pela Constituição.

Constituição e Poder
LIMITES DA POLÍTICA NO ESTADO DE DIREITO

todos os Poderes e afastar a possibilidade do exercício arbitrário do poder político.[143]

Sem dúvida alguma, a própria estrutura do Poder Judiciário imperial ajuda a explicar esta situação favorável à arbitrariedade do poder político. Em todas as instâncias, o preenchimento dos cargos no Poder Judiciário era envolvido por interesses meramente políticos. No caso das principais províncias, existiam os Tribunais de Relação, com seus quadros preenchidos por meio da indicação do imperador. Nas comarcas, os juízes de direito, os jurados, os juízes municipais e os juízes de paz também eram escolhidos por instâncias políticas, sendo que no caso do último cargo as vagas eram preenchidas por eleições. O órgão de cúpula do Poder Judiciário era o Supremo Tribunal de Justiça do Império, que funcionava como um verdadeiro Tribunal de Cassação, conforme o modelo estabelecido na França. Era composto por 17 juízes escolhidos dentre os desembargadores dos Tribunais das Relações e tinha a competência – segundo o art. 164 da Constituição de 1824 – de conceder ou denegar os recursos de revistas, conhecer dos delitos e erros de Ofício cometidos por seus ministros, pelos das Relações, pelos funcionários do Corpo Diplomático e pelos presidentes das províncias, além de analisar os conflitos de jurisdição e competência dos Tribunais das Relações.[144]

Desse modo, estava completamente afastada a possibilidade do Supremo Tribunal de Justiça exercer algum tipo de jurisdição constitucional ou administrativa, ficando sua atuação institucional restrita ao direito privado e ao direito criminal, no sentido de simplesmente aplicar a lei aos fatos. Na verdade, a Constituição de 1824 havia previsto somente dois graus de jurisdição, sendo que a atuação do Supremo Tribunal de Justiça se voltava apenas para conceder ou negar recursos de revista. Assim, esta configuração institucional afastou, na grande maioria dos casos, a possibilidade de um maior envolvimento do órgão de cúpula do Poder Judiciário com questões mais diretamente políticas, reconhecendo que os conflitos existentes no âmbito do direito público deveriam ser resolvidos somente pelo Conselho de Estado e pelo Poder Moderador.

No entanto, é preciso destacar que, se o Poder Judiciário imperial não ocupava uma posição de maior relevância na relação com os

---

[143] Cf. FAORO, Raymundo. *Machado de Assis: a pirâmide e o trapézio.* 4ª ed., São Paulo: Globo, 2001, p. 75. De acordo com Faoro: "A supremacia da Constituição sobre as leis ordinárias, admitida teoricamente na Carta de 1824, não sofria nenhum controle judicial – o que vale dizer de nenhuma espécie. Mas há coisa mais importante. A Constituição não rege as relações políticas, senão como praxe ou conveniência de livre observância. Isto importa em reconhecer que, ausente a lei ou a convenção, fica apenas o arbítrio, arbítrio despótico ou benevolente, exercido este pelo imperador".

[144] Cf. LOPES, José Reinaldo de Lima. *O Direito na História: lições introdutórias.* 3ª ed., São Paulo: Editora Atlas, 2009, p. 306 – 307.

demais Poderes, a passagem pela carreira de magistrado deixava o bacharel em direito numa condição privilegiada para o início de sua carreira política. Este segmento social foi fundamental para a formação da elite política que conduziu o Estado imperial durante vários anos, pois apresentava a mais completa combinação de elementos intelectuais, ideológicos e práticos favoráveis ao estatismo.[145] Após a independência, estes bacharéis-magistrados estiveram envolvidos na montagem do aparelho burocrático do Estado e, por isso, simultaneamente acabaram assumindo a posição de juiz e de político do Império. De acordo com José Reinaldo, "sem um rígido sistema de incompatibilidades os juízes viam-se envolvidos em disputas nas quais seus próprios interesses eleitorais estavam em jogo".[146]

Nesse sentido, a fragilidade institucional do Poder Judiciário pode ser considerada uma consequência tanto das arbitrariedades praticadas pelo imperador – que atuava principalmente por meio do Poder Moderador –, como também da instrumentalização praticada por seus próprios quadros burocráticos envolvidos no jogo político da época. Diante de todas estas circunstâncias, é possível afirmar que o Poder Judiciário acabou assumindo uma posição pouco significativa com relação à defesa do direito e da supremacia constitucional. Certamente, em um ambiente político onde predominava o exercício arbitrário do poder, o direito e o Poder Judiciário acabaram solapados pelos interesses patrimoniais do imperador e do estamento burocrático reunido em torno dele. Assim, se no constitucionalismo europeu o Parlamento se encarregava de limitar o monarca e no constitucionalismo estadunidense o Poder Judiciário se encarregava de limitar os poderes do presidente da república e do Poder Legislativo; no caso brasileiro, o imperador assumiu o papel de limitar o Parlamento e o Poder Judiciário, utilizando-se do Poder Moderador para aumentar suas arbitrariedades.

2.2. As incoerências do "republicanismo" brasileiro: a criação do Supremo Tribunal Federal e a incorporação da *judicial review*

Em célebre carta escrita ao Diário Popular de São Paulo, poucos dias após a proclamação da República, Aristides Lobo já alertava para

---

[145] Cf. CARVALHO, José Murilo de. *A construção da Ordem: a elite política imperial; Teatro de Sombras: a política imperial.* 2ª ed., Rio de Janeiro: Editora UFRJ, 1996, p. 87.

[146] Cf. LOPES, José Reinaldo de Lima. O Supremo Tribunal de Justiça do Império no apogeu do Império (1840 – 1871). In: ——. *O Supremo Tribunal de Justiça do Império: (1828 – 1889).* São Paulo: Saraiva, 2010, p. 70.

Constituição e Poder
LIMITES DA POLÍTICA NO ESTADO DE DIREITO

um problema crônico presente no novo regime: a ausência de participação popular na construção da República. Segundo ele, o povo, que deveria ser o protagonista desses acontecimentos, acabou assistindo de maneira bestializada a marcha militar que destronara D. Pedro II em 15 de novembro de 1889.[147] Dessa maneira, saiu de cena uma estrutura política comandada do alto pelo imperador e entrou em seu lugar um regime oligárquico, autoritário e excludente, numa situação onde o direito pouco importava para os construtores da "nova ordem política". Na verdade, em termos de ampliação de direitos civis e políticos, a Constituição republicana de 1891 fez muito pouco em comparação com a Constituição de 1824, mantendo praticamente intacta a restrição à participação política existente nos tempos do Império.[148] Semelhantemente ao que acontecera no antigo regime, quando a Constituição de 1824 incorporou de maneira incoerente algumas instituições fundamentais para o bom funcionamento das monarquias parlamentares europeias; a primeira Constituição republicana também cometeu os mesmos desvios, ao buscar nos Estados Unidos a inspiração para sua organização institucional, sem que, ao mesmo tempo, levasse em consideração as especificidades desse sistema político. Por isso, nas palavras de Raymundo Faoro, "a carta de 1891 seria, para os críticos, visto que não exerce comando normativo, apenas uma importação extravagante, cópia servil incapaz de vestir o país novo e estuante de vida".[149]

Nesse sentido, o fim do regime monárquico não serviu para democratizar o poder político e fortalecer o constitucionalismo no Brasil. Na verdade, a queda do antigo regime foi apenas um momento de reorganização do modelo patrimonialista e estamental de dominação política, que anteriormente havia se apoiado no Conselho de Estado, no Senado vitalício e no Poder Moderador para manter o exercício arbitrário do poder político – concentrado nessa época principalmente na figura do imperador –, e a partir da República Velha passou a buscar apoio na recepção incoerente do federalismo e do republicanismo para continuar afastando qualquer mecanismo constitucional de limitação do poder político. Segundo Marcelo Neves, "[...] a invocação retórica aos valores liberais e democráticos consagrados no documento

---

[147] Cf. BASBAUM, Leôncio. *História sincera da República: de 1889 a 1930.* São Paulo: Alfa-Omega, 1975, p. 18.

[148] Cf. CARVALHO, José Murilo de. *Os bestializados: o Rio de Janeiro e a República que não foi.* São Paulo: Companhia das Letras, 1987, p. 45 – 46.

[149] Cf. FAORO, Raymundo. *Os donos do poder: formação do patronato político brasileiro.* 4ª ed., São Paulo: Globo, 2008, 533 – 534.

constitucional funcionava como álibi dos 'donos do poder' perante a realidade social ou como 'prova' de suas 'boas intenções'".[150]

Assim, no lugar do déspota surgiu o presidente da República, posicionado acima da Constituição de 1891 e exercendo todo o seu domínio sobre o Parlamento por meio de um engenhoso mecanismo estabelecido pelo presidente Campos Sales, pelo qual o governo federal se entendia com os governadores para formar um Congresso inteiramente governista.[151] Consequentemente, reformas que diziam respeito a uma maior garantia dos direitos civis, como a independência do Judiciário, a ampliação da participação popular no processo político e o fim das fraudes eleitorais acabaram relegadas a um segundo plano na agenda republicana.

O resultado dessa reorganização do sistema político, implementada pelo novo regime, não foi a geração de relações mais equânimes na estrutura de poder, mas sim a permanência de enormes desigualdades entre os membros da Federação, com São Paulo, Minas Gerais e Rio Grande do Sul assumindo as posições dominantes no jogo político da República Velha, enquanto os demais Estados permaneciam dependentes das determinações tomadas pela União.[152] Segundo Leonel Severo Rocha, "a federação foi, portanto, a resultante da coligação feita entre os estados mais ricos, dos quais os outros estados foram obrigados a aceitar a dominação".[153] Nesse sentido, as verbas do governo federal eram distribuídas prioritariamente para os Estados aliados, podendo o presidente da República utilizar a força militar para depor qualquer governador que se opusesse a sua política. Certamente, após a proclamação do novo regime, coube ao Poder Executivo dominar as relações político-institucionais com os demais Poderes, fazendo prevalecer somente os interesses das oligarquias estaduais que se aliassem à política oficial implementada pelo presidente da República.

Este mecanismo político, oficializado por Campos Sales, produziu um equilíbrio institucional nada republicano, ao favorecer o domínio local das oligarquias e, ao mesmo tempo, transformar o Poder Legislativo num órgão inteiramente submisso aos desmandos do presidente da República. Dessa maneira, chefes políticos interioranos

---

[150] Cf. Cf. NEVES, Marcelo. *A constitucionalização simbólica*. 3ª ed., São Paulo: Martins Fontes, 2011, p. 181.

[151] Cf. CARVALHO, José Murilo de. República, democracia e federalismo no Brasil: 1870 – 1891. In: *Varia História*. Belo Horizonte: UFMG, vol.27, n.45, 2011, p. 156.

[152] Cf. BERCOVICI, Gilberto. *Dilemas do Estado federal brasileiro*. Porto Alegre: Livraria do Advogado, 2004, p. 32.

[153] Cf. ROCHA, Leonel Severo. *A democracia em Rui Barbosa: o projeto político liberal-racional*. Rio de Janeiro: Liber Juris, 1995, p. 148.

contavam com o apoio dos governos federal e estadual para a manutenção do domínio local, recebendo permissão para posicionar seus aliados nos cargos mais importantes da estrutura burocrática do Estado; em troca, os mesmos coronéis ofereciam ao presidente da República e aos governadores os votos dos municípios onde exerciam seu domínio político.[154] O governo utilizava todos os instrumentos possíveis para impedir a eleição de um oposicionista, apelando sempre para as fraudes eleitorais e para a Comissão de Verificação de Poderes para afastar os candidatos que não pertenciam à estrutura oficial de poder. Após o encerramento do pleito eleitoral, o Poder Legislativo realizava a famosa *degola* contra os candidatos oposicionistas, deixando de reconhecer os mandatos conquistados fora da base governista.[155] Assim, estava garantida a vitória do governo, pois mesmo se o candidato oposicionista conseguisse escapar das fraudes realizadas pelos mesários durante a votação, na fase seguinte ele não alcançaria a mesma sorte, sendo atingido diretamente pelo golpe fatal da *degola*.[156]

Estas foram as principais características do federalismo incorporado pelo Brasil durante a República Velha. Sua importação do constitucionalismo estadunidense despontou muito mais como um elemento assegurador do mandonismo local e da inteira subserviência do Parlamento ao presidente da República, do que propriamente

---

[154] Cf. LEAL, Victor Nunes. *Coronelismo, Enxada e Voto*. 5ª ed., São Paulo: Editora Alfa-Omega, 1986. De acordo com Victor Nunes Leal, o fenômeno do coronelismo surgiu na confluência do federalismo com a decadência econômica dos fazendeiros. Diante do enfraquecimento econômico dos grandes proprietários de terra, o fenômeno do coronelismo acabou favorecendo a expansão da presença do Estado antes que o predomínio do coronel, já que este se encontrava na condição de dependência dos cargos públicos para continuar mantendo o domínio sobre o poder político local. Nesse sentido, o coronelismo presente na República Velha deve ser visto como uma complexa rede de relações, que vai do chefe político local ao presidente da República, na construção de compromissos recíprocos para a manutenção da estabilidade do sistema político. Para uma melhor compreensão do coronelismo durante a República Velha, ver: CARVALHO, José Murilo de. Mandonismo, Coronelismo e Clientelismo: uma discussão conceitual. In: *Dados*. Rio de Janeiro: IUPERJ, vol. 40, nº 2, 1997.

[155] Cf. LEAL, Victor Nunes. *Coronelismo, Enxada e Voto*. 5ª ed., São Paulo: Editora Alfa-Omega, 1986, p. 232. Durante a República Velha a disputa eleitoral não era fiscalizada por um órgão judicial. Na verdade, a Justiça Eleitoral surgiu após a ascensão política de Getúlio Vargas, no ano de 1932. A partir desse momento todo o trabalho de alistamento, apuração e reconhecimento dos eleitos deixou de ser controlado pelas mesas eleitorais – reconhecidas durante o Império e a República Velha como as maiores responsáveis pelas fraudes eleitorais – e passou a ser fiscalizado apenas pela Justiça Eleitoral. Nesse sentido, segundo Victor Nunes Leal, "perderam as mesas receptoras, nos códigos de 1932 e 1935, a atribuição de apurar os votos, fonte permanente de atas falsas. A contagem das cédulas passou a ser feita pelos Tribunais Regionais e, nas eleições municipais, pelas juntas apuradoras, compostas, como já se notou, de juízes vitalícios. Por outro lado, tendo-se confiado a proclamação dos eleitos e a expedição dos diplomas aos Tribunais Regionais e ao Tribunal Superior, ficaram abolidos os vergonhosos reconhecimentos das assembleias legislativas".

[156] Cf. LEAL, Victor Nunes. *Coronelismo, Enxada e Voto*. 5ª ed., São Paulo: Editora Alfa-Omega, 1986, p. 229.

a organização de uma democracia judicialista – conforme as palavras de Rui Barbosa – que limitasse a atuação dos Poderes Executivo e Legislativo. Segundo Fábio Konder Comparato, "a mudança de regime ocorreu, assim, entre nós, não pelas virtudes próprias daquele que passávamos a adotar, mas pelo fastio que suscitava a monarquia no seio da classe dirigente, com a ostentação de um estilo francamente *démodé*".[157] Dessa maneira, o fim do centralismo imperial, do Poder Moderador, do Conselho de Estado e do Senado vitalício não serviu para afastar o arbítrio e colocar em seu lugar a supremacia constitucional. Logicamente, o que acabou predominando durante todo este período foi a sobreposição dos interesses oligárquicos ao direito.

Contudo, é preciso ressaltar que em Rui Barbosa o projeto federalista não esteve comprometido com a política dos governadores. Na verdade, o que o grande articulista da Constituição de 1891 realmente buscou foi a superação da centralização política e administrativa existente no Império, ao sustentar que a concessão de mais autonomia para as províncias seria um elemento fundamental para a modernização do sistema político brasileiro. O federalismo era, assim, uma das condições para a concretização da democracia. Com base em Tocqueville, Rui Barbosa chegou a diferenciar a centralização política da centralização administrativa, afirmando que a incorporação do federalismo serviria para acabar principalmente com a segunda. De acordo com ele, quando o federalismo surgiu no constitucionalismo estadunidense, os estados-membros simultaneamente alcançaram maior centralização política, sem que, ao mesmo tempo, sua autonomia administrativa fosse fragilizada. É possível afirmar que, após o processo de independência, os Estados Unidos evoluíram de uma confederação formada por estados independentes para uma federação com maior concentração política. Assim, ao contrário dos Estados Unidos, onde o federalismo proporcionou uma maior unidade política entre os estados, no caso do Brasil, o federalismo deveria vir para diminuir não apenas o grau de centralização administrativa, mas também a centralização política presente no regime monárquico.[158]

Diante da posição retrógrada do Partido Liberal frente à bandeira da modernização política e da liberdade provincial, Rui Barbosa paulatinamente foi abandonando sua posição monarquista para se

---

[157] Cf. COMPARATO, Fábio Konder (org.). Prefácio. In: FAORO, Raymundo. *A República Inacabada*. São Paulo: Globo, 2007, p. 11.

[158] Cf. ROCHA, Leonel Severo. *A democracia em Rui Barbosa: o projeto político liberal-racional*. Rio de Janeiro: Liber Juris, 1995, p. 125. A respeito desta diferença entre o federalismo estadunidense e o federalismo brasileiro, ver também: BERCOVICI, Gilberto. *Dilemas do Estado federal brasileiro*. Porto Alegre: Livraria do Advogado, 2004.

aproximar dos republicanos.[159] Ele havia percebido que a única possibilidade para a concretização das mudanças políticas postuladas por ele estava no advento do regime republicano. Esta mudança de posição não pode ser considerada como um ato incoerente com o projeto de sociedade que sustentara durante os tempos de monarquista, pois, para ele, o que realmente importava não era a defesa do Império ou da República em si mesma, mas sim a defesa de um sistema político que estivesse baseado nas liberdades constitucionais. Segundo Leonel Severo Rocha, "[...] o sistema político reivindicado por Rui Barbosa, fundado sobre a liberdade e o desenvolvimento econômico-social-cultural, nunca se alterou, pois sua defesa, sem nenhuma concessão deste projeto político, sempre persistiu, seja durante a Monarquia, seja durante a República".[160] Desse modo, num primeiro momento, Rui Barbosa até tentou realizar as mudanças político-sociais propugnadas pelo pensamento liberal dentro do regime monárquico; no entanto, diante da constatação de que a centralização e a negação do princípio da liberdade eram inerentes ao Império, Rui Barbosa resolveu se aproximar do movimento republicano para buscar a efetivação de suas posições políticas.

Para Rui Barbosa, o surgimento do novo regime significou o abandono de posições teóricas mais favoráveis ao parlamentarismo inglês e a adoção de uma postura mais favorável ao presidencialismo estadunidense. Ao seguir o exemplo dos Estados Unidos, Rui Barbosa sabia que a nova organização institucional, construída pelos republicanos, exigiria que o Poder Judiciário assumisse a posição de verdadeiro fiador do regime constitucional. Logicamente, a estabilidade desse sistema político, incorporado pela República Velha, dependia da existência de um Tribunal com condições para cumprir o mesmo papel exercido pela Suprema Corte dos Estados Unidos. Nesse sentido, a Constituição de 1891 afastou completamente a influência francesa, presente na Constituição Imperial de 1824, e a substituiu pelo pensamento político estadunidense, consolidando, apenas no aspecto

---

[159] A passagem de Rui Barbosa para o movimento republicano ocorreu muito tardiamente, às vésperas do golpe de 15 de novembro. Na verdade, políticos do Partido Liberal, como ele e Joaquim Nabuco, chegaram a sustentar a introdução do modelo federativo ainda no tempo do regime monárquico, por meio da apresentação de dois projetos que visavam a reformar a estrutura política imperial. Contudo, diante da forte resistência ao projeto federalista, movida pelo gabinete ministerial do Império, Rui Barbosa acabou por se aproximar dos republicanos e, após a proclamação do novo regime, participou da formação do governo provisório. A respeito destas movimentações políticas ocorridas nos momentos que antecederam a proclamação da República, ver: STRECK, Lenio Luiz. *Jurisdição Constitucional e Hermenêutica: uma nova crítica do Direito.* 2ª ed., Rio de Janeiro: Forense, 2004, p. 416.

[160] Cf. ROCHA, Leonel Severo. *A democracia em Rui Barbosa: o projeto político liberal-racional.* Rio de Janeiro: Liber Juris, 1995, p. 148.

formal, o equilíbrio institucional formulado pelo constitucionalismo estadunidense, já que, no início do novo regime, todos estes mecanismos jurídicos, instituídos para o controle do poder político, acabaram completamente desconsiderados pelos primeiros presidentes republicanos, ao utilizarem-se do Poder Executivo para subjugar os demais Poderes.

Ao contrário desses primeiros governos republicanos, o jurista Rui Barbosa sabia que a consolidação de uma democracia federativa dependia da autonomia funcional dos três Poderes e por isso depositava toda a sua confiança no Poder Judiciário como sustentáculo do regime constitucional. Nesse sentido, a criação do Supremo Tribunal Federal e a incorporação da *judicial review* vieram ao encontro das posições teóricas sustentadas por Rui Barbosa, em sua constante defesa da implantação do federalismo.[161] Contudo, como o Poder Judiciário da República Velha não alcançou o mesmo sucesso do Poder Judiciário estadunidense, o novo regime nasceu com as contradições autoritárias do antigo regime, proporcionando a formação de um sistema político completamente distante do ideal democrático defendido por Rui Barbosa. Segundo Raymundo Faoro, "(o novo regime) continuaria a operar a mesma prática imperial, em que as ficções constitucionais assumem o caráter de um disfarce, para que, à sombra da legitimidade artificialmente montada, se imponham as forças sociais e políticas sem obediência às fórmulas impressas".[162]

É nesse contexto autoritário, marcado pela dominação patrimonialista e estamental, que a incorporação da *judicial review* e o surgimento do Supremo Tribunal Federal devem ser compreendidos. De instituição que deveria ser responsável pela defesa da supremacia constitucional, este Tribunal, em muitas ocasiões, acabou se transformando numa seção subordinada aos interesses arbitrários do Poder Executivo.[163] Predominava entre os primeiros ministros o conservadorismo e o forte desprezo pelas liberdades constitucionais, ao admitir a perseguição, a detenção e o desterro para a Amazônia de diversos oposicionistas do novo regime. As indicações dos ministros, feitas pelo presidente da República, seguia um critério de pura conveniência política, com a apresentação de importantes nomes da oligarquia

---

[161] Cf. KOERNER, Andrei. *Judiciário e Cidadania na constituição da República brasileira*. São Paulo: Editora Hucitec Ltda., 1998, p. 155 – 158.

[162] Cf. FAORO, Raymundo. *Os donos do poder: formação do patronato político brasileiro*. 4ª ed., São Paulo: Globo, 2008, p. 533.

[163] Cf. VILLA, Marco Antonio. *A história das Constituições brasileiras*. São Paulo: Leya, 2011, p. 131.

Constituição e Poder
LIMITES DA POLÍTICA NO ESTADO DE DIREITO

para compor o Tribunal que deveria zelar pela constitucionalidade dos atos políticos praticados pelos Poderes Executivo e Legislativo.[164]

Nesse sentido, já na inauguração do Supremo Tribunal Federal estavam presentes alguns elementos estranhos à própria ideologia republicana. Muitos ministros, indicados nesse primeiro período, pertenciam aos quadros do extinto Supremo Tribunal de Justiça do Império, sendo quatro deles ainda portadores de títulos de nobreza do antigo regime, como o visconde de Sabará e os barões de Sobral, Pereira Franco e Lucena.[165] Estes primeiros ministros eram considerados quadros experientes da vida política, da administração e da magistratura imperial. Por outro lado, desconheciam completamente as questões de jurisdição constitucional incorporadas pela Constituição republicana de 1891, gerando um grande problema para os primeiros anos de vida do Supremo Tribunal Federal, já que constantemente eram provocados a desempenharem suas respectivas funções institucionais num contexto político agitado pelo estado de sítio, pelas prisões arbitrárias e pelo exílio dos opositores do novo regime. Segundo Aliomar Baleeiro, "os anciãos respeitáveis não resistiram à prova de fogo a que foram submetidos e para a qual não estavam mentalmente aptos".[166]

Dessa maneira, o período da República Velha apresentou diversos casos de instrumentalização do direito e do STF para objetivos políticos nada democráticos, demonstrando a enorme dificuldade para o fortalecimento de uma efetiva jurisdição constitucional no contexto brasileiro. Após a proclamação da República, o modelo tradicional de dominação política não sofreu grandes alterações. O autoritarismo continuou vigorando, e os governos do novo regime passaram a exercer suas funções institucionais por meio do estado de sítio e do estado de emergência, o que tornou praticamente impossível o bom funcionamento de uma jurisdição constitucional. De acordo com Marco Antonio Villa, "[...] o STF acabou, ao longo de mais de 120 anos de história, representando uma síntese das mazelas da Justiça brasileira".[167]

Por todos esses motivos é possível afirmar que a incorporação da *judicial review*, pelo estamento, pode ser encarada como um grave

---

[164] Cf. VILLA, Marco Antonio. *A história das Constituições brasileiras*. São Paulo: Leya, 2011, p. 134 – 135.

[165] Cf. COSTA, Emília Viotti da. *O Supremo Tribunal Federal e a construção da cidadania*. 2ª ed. São Paulo: Ed. Unesp, 2006, p. 25.

[166] Cf. BALEEIRO, Aliomar de Andrade. *O Supremo Tribunal Federal, esse outro desconhecido*. Rio de Janeiro: Forense, 1968, p. 24.

[167] Cf. VILLA, Marco Antonio. *A História das Constituições brasileiras*. São Paulo: Leya, 2011, p. 148.

problema de distorção do constitucionalismo moderno pelo autoritarismo praticado no contexto brasileiro. Em regimes políticos onde vigora(ra)m a arbitrariedade de quem governa, a Constituição e a jurisdição constitucional são desconsideradas completamente. Ditaduras não respeitam o direito e por isso impedem a institucionalização de uma Constituição. Certamente, em ambientes autoritários as Constituições e os Tribunais acabam instrumentalizados conforme as conveniências ideológicas de quem exerce o poder, sendo o arbítrio dissimulado por instituições supostamente legais ou jurídicas para perpetuar um regime de exceção. No caso da República Velha, a importação da *judicial review* – chamada no Brasil de controle difuso, via de exceção, via de defesa, controle concreto e *incedenter tantum* – se deu de maneira frágil e precária, com a adaptação de um importante mecanismo de controle do poder a uma conjuntura sociopolítica descomprometida com a defesa do pré-compromisso constitucional.[168]

Semelhantemente ao Império, a nova ordem republicana também não alcançou grande sucesso na importação de instituições jurídicas criadas para garantir um governo limitado e proteger as liberdades individuais. No caso da *judicial review*, incorporado pelo Brasil por meio do controle difuso, ocorreu uma grave deformidade em sua recepção pela Constituição de 1891, ao adotar um mecanismo jurisdicional de controle de constitucionalidade completamente incompatível com o sistema jurídico brasileiro, já que o mesmo não possuía a importante noção do *stare decisis* presente no constitucionalismo estadunidense.[169] Dessa maneira, os efeitos de todas as decisões do STF, acerca da inconstitucionalidade de um ato normativo, ficavam reduzidos somente às partes contendoras, permitindo que outros juízes ou tribunais continuassem a aplicá-las em situações futuras.

A regra do *stare decisis* é uma das principais características da tradição do *common law*. Ao contrário da tradição romano-germânica, no *common law*, a jurisprudência ocupa um papel extremamente relevante como fonte do direito, e os juízes, a partir da doutrina do *stare decisis*, procuram nas decisões acumuladas anteriormente a solução para o

---

[168] Cf. TOMAZ DE OLIVEIRA, Rafael. A constituição e o estamento: contribuições à patogênese do controle difuso de constitucionalidade brasileiro. In. BARRETO, Vicente de Paulo; CULLETON, Alfredo Santiago; STRECK, Lenio Luiz. *20 Anos de Constituição: os direitos humanos entre a norma e a política*. São Leopoldo – RS: ed. Oikos, 2009, p. 233.

[169] Cf. STRECK, Lenio Luiz. *Jurisdição Constitucional e Hermenêutica: uma nova crítica do Direito*. 2ª ed., Rio de Janeiro: Forense, 2004, p. 432. A respeito dessa situação Lenio Streck afirma que "[...] o maior problema desta nossa embrionária forma de controle decorria do fato de que não havia como dar efeito *erga omnes* e vinculante às decisões do Supremo Tribunal Federal. Ou seja, o controle difuso – enquanto mecanismo isolado – somente funciona no sistema da *common law*; ou, a *contrario sensu*, o sistema romano-germânico não pode prescindir do controle concentrado de constitucionalidade".

caso concreto. Na verdade, a ausência de um direito dogmatizado e a posição secundária das universidades, na produção do ensino jurídico, fizeram com que o direito do *common law* se apoiasse fundamentalmente na prática cotidiana. Segundo Streck e Abboud, "[...] o *common law*, mesmo antes do surgimento da doutrina dos precedentes, não se originou cientificamente (do ponto de vista professoral), mas, sim, judicialmente, como prática judiciária".[170] Desse modo, os juízes pertencentes a esta tradição jurídica deveriam decidir o caso concreto por meio da cadeia de precedentes existente em seu respectivo sistema jurídico. A grande questão é que o Brasil sempre esteve vinculado a uma tradição jurídica de cariz romano-germânico e, a partir da Constituição imperial de 1824, vinha sofrendo forte influência do direito francês, o que acabava dificultando a implantação de uma autêntica jurisdição constitucional capaz de seguir o modelo aplicado nos Estados Unidos.[171]

Por outro lado, somada a ausência do *stare decisis*, encontrava-se a postura arbitrária do Poder Executivo, que, durante um bom período da República Velha, exerceu sua função institucional por meio do estado de sítio, suspendendo direitos e impedindo que o STF realizasse o controle constitucional de seus atos. Foi o que aconteceu no tempo da ditadura de Floriano Peixoto, que paralisou o andamento dos trabalhos do STF devido ao não preenchimento das vagas disponíveis. Em outra ocasião, o mesmo presidente da República demonstrou todo o seu desrespeito pela instituição indicando para ministro do STF um médico e dois generais.[172] Todas essas debilidades prejudicaram a realização da democracia judicialista patrocinada por Rui Barbosa, que, a partir da influência estadunidense, havia depositado sua confiança na instituição do Poder Judiciário como principal remédio contra as arbitrariedades praticadas tanto pelo Poder Executivo como pelas maiorias parlamentares reacionárias, sustentando uma concepção liberal onde o poder político sempre deveria se submeter ao direito.[173] De acordo com Faoro:

---

[170] Cf. STRECK, Lenio Luiz; ABBOUD, Georges. *O que é isto – o precedente judicial e as súmulas vinculantes.* Porto Alegre: Livraria do Advogado, 2012, p. 39.

[171] Cf. LOPES, José Reinaldo de Lima. *O Direito na História: lições introdutórias.* 3ª ed., São Paulo: Editora Atlas, 2009, p. 305 – 309. Para um estudo mais aprofundado dessas questões, ver: RAMIRES, Maurício. *Crítica à aplicação dos precedentes no direito brasileiro.* Porto Alegre: Livraria do Advogado, 2010.

[172] Cf. COSTA, Emília Viotti da. *O Supremo Tribunal Federal e a construção da cidadania.* 2ª ed. São Paulo: Ed. Unesp, 2006, p. 32.

[173] Cf. ROCHA, Leonel Severo. *A democracia em Rui Barbosa: o projeto político liberal-racional.* Rio de Janeiro: Liber Juris, 1995, p. 137 – 139. É importante ressaltar que teorias pertencentes a diversas matizes ideológicas acusa(ra)m o pensamento de Rui Barbosa de ser puramente idealista,

O remédio que os republicanos aplicaram ao mal foi simples e ineficaz. Criaram um Supremo Tribunal Federal e lhe deram o poder de julgar a inconstitucionalidade das leis. Com isso, estaria garantida a eficácia da Constituição, cujas violações poderiam ser objeto de controle. Os críticos da lei superior, lei meramente de papel, combateram um vício político com outra ação apenas política, desatentos à profundidade do mal.[174]

Nesse sentido, as deficiências institucionais da República Velha ajudam a explicar a importação incorreta da *judicial review* e a problemática instalação da jurisdição constitucional no contexto brasileiro. A dificuldade para que o direito se sobrepusesse ao poder político e a incorporação incoerente, de instituições produzidas pelo constitucionalismo moderno, impediram o bom funcionamento do STF na defesa da supremacia constitucional. Diferentemente da Suprema Corte estadunidense, o STF não alcançou o mesmo grau de importância na defesa das estruturas federativas e democráticas, bem como na preservação das liberdades individuais. O que está por trás dessa mal-sucedida experiência constitucional é a dominação patrimonialista e estamental, que, também, ao longo desse período, impediu a penetração de importantes mecanismos jurídicos de controle do poder político, favorecendo o exercício arbitrário das funções públicas pelos *donos do poder*. Desse modo, na inauguração do novo regime, o mandonismo acabou predominando sobre todas as inovações jurídicas apresentadas pela Constituição de 1891, o que, consequentemente, afastou qualquer possibilidade de realização da democracia juridicista planejada por Rui Barbosa.

2.3. O golpe de 1964 e as inapropriadas condições para o aparecimento do controle concentrado de constitucionalidade

As intervenções militares sempre estiveram muito presentes na política brasileira.[175] A começar pela atuação do Exército contra a Assembleia Constituinte de 1823, fechada bruscamente por tropas co-

---

negando a validade de suas formulações teóricas. Esta posição pode ser encontrada principalmente nas obras de Oliveira Viana e Alberto Torres, que ofereciam uma visão conservadora e autoritária da sociedade brasileira, ao sustentar uma espécie de racionalização política fundamentada na atuação arbitrária do Estado. Para uma análise mais detalhada do pensamento político autoritário no contexto brasileiro, ver: FAUSTO, Boris. *O pensamento nacionalista autoritário*. Rio de Janeiro: Jorge Zahar, 2001.

[174] Cf. FAORO, Raymundo. *Machado de Assis: a pirâmide e o trapézio*. 4ª ed., São Paulo: Globo, 2001, p. 76.

[175] Cf. STRECK, Lenio Luiz. *Jurisdição Constitucional e Hermenêutica: uma nova crítica do Direito*. 2ª ed., Rio de Janeiro: Forense, 2004, p. 445 – 446.

Constituição e Poder
LIMITES DA POLÍTICA NO ESTADO DE DIREITO

mandadas por D. Pedro I, e pelo golpe de estado responsável pela proclamação da República, em novembro de 1889, é possível afirmar que em diversos momentos os militares contribuíram para aumentar o grau de instabilidade política no país.[176] Nesse sentido, a queda do presidente João Goulart, em abril de 1964, significou a destruição das instituições democráticas formadas pela Constituição de 1946, que, com muita dificuldade, tentavam se equilibrar no acidentado terreno da política brasileira. Mais uma vez, a Constituição foi submetida ao arbítrio e teve que assistir de longe às constantes violações aos direitos e garantias fundamentais, transformando-se num mero instrumento daqueles que passaram a exercer o mandonismo por meio dos atos institucionais.[177] De acordo com Leonel Severo Rocha, tratou-se de um período caracterizado por um direito constitucional não constitucional, onde a proteção jurídica do cidadão foi transformada em mera retórica pelo regime de exceção.[178] Nessa situação, o direito deixou de limitar o poder político, por meio do constitucionalismo, e foi transformado num instrumento que serviu apenas para "legitimar" a violência praticada pelo Estado, concedendo um verniz de legalidade para ocultar os atos arbitrários praticados pelos agentes públicos.[179]

Esse tipo de Estado, chamado por Guillermo O'Donnell de burocrático-autoritário, apareceu primeiramente no Brasil e na Argentina, durante a década de 1960, e um pouco mais tarde no Uruguai e no Chile, durante a década de 1970. A instalação desses regimes burocrático-autoritários foi uma resposta ao crescimento das mobilizações

---

[176] Cf. BORGES, Nilson. A doutrina de Segurança Nacional e os governos militares. In: DELGADO, Lucilia de Almeida Neves; FERREIRA, Jorge. *O Brasil Republicano: o tempo da ditadura – regime militar e movimentos sociais em fins do século XX*. 3ª ed., Rio de Janeiro: Civilização Brasileira, 2009, v. 4, p. 16. Nilson Borges afirma que a atuação política das Forças Armadas deve ser compreendida em duas fases: a primeira, chamada por ele de arbitral-tutelar, envolve todo o período anterior a 1964 e tinha como característica principal a intervenção militar somente para os casos de reestabelecimento da ordem institucional, com a transferência imediata do poder político aos civis; a segunda está relacionada com o período da ditadura militar iniciada em 1964, quando as Forças Armadas afastaram um presidente civil e assumiram o papel de condutores dos negócios do Estado por vinte anos.

[177] Para uma análise da violência praticada pelos militares logo nos primeiros dias da ditadura, ver: SKIDMORE, Thomas. *Brasil: de Castelo a Tancredo, 1964 – 1985*. 4ª ed., Rio de Janeiro: Paz e Terra, 1988, p. 55 – 63.

[178] Cf. ROCHA, Leonel Severo. A especificidade simbólica de Direito brasileiro pós-revolução de 1964. In: José Alcebíades de Oliveira Junior (org.). *O novo em Direito e Política*. Porto Alegre: Livraria do Advogado, 1997, p. 77 – 78.

[179] Para alguns setores do pensamento marxista o direito também pode servir para legitimar regimes autoritários. Esta concepção reduz o direito a um aparelho repressivo e ideológico a serviço das classes dominantes e, por isso, não consegue perceber os efeitos negativos de sua colonização pela economia e pela política nos momentos em que se busca consolidar o regime democrático. Para uma análise desse posicionamento, ver: ALTHUSSER, Louis. *Aparelhos ideológicos de Estado*. 6ª ed., Rio de Janeiro: Graal, 1992.

sociais, visto como uma grave ameaça aos parâmetros socioeconômicos que vigoravam na América Latina. Desse modo, os regimes militares possuíam como características principais os seguintes aspectos: *a*) um sistema de exclusão política e econômica; *b*) seus cargos mais importantes eram ocupados por pessoas com carreiras bem-sucedidas, oriundas de organizações complexas e altamente burocratizados, como as forças armadas e as grandes empresas privadas; *c*) apresentavam uma postura despolitizante, ao reduzirem as questões sociais e políticas a questões tecnicistas; *d*) sua consolidação deve ser compreendida como uma etapa de aprofundamento do capitalismo periférico e dependente, ao fazer parte de um processo que apresentou novos mecanismos de acumulação de capital em suas respectivas sociedades.[180]

No final da década de 1960, Fernando Henrique Cardoso e Enzo Faletto produziram um trabalho bem interessante acerca das condições, possibilidades e formas de desenvolvimento econômico em países que mantêm relações de dependência com os polos hegemônicos do sistema capitalista. Os autores demonstraram as especificidades do desenvolvimento econômico, político e social dos países da América Latina, ao destacarem a aliança dos setores externos da economia internacional com o conjunto de grupos sociais ligados à produção interna: assalariados, técnicos, empresários e burocratas.[181] Desse modo, os padrões de repressão praticados pelas ditaduras militares acabaram sendo explicados nos termos da economia, da estrutura de classes e da posição ocupada pelos diferentes países na economia internacional. Certamente, esse tipo de análise, de cunho mais economicista, apresentou contribuições bem significativas para a compreensão dos regimes autoritários, mas deixou escapar algumas especificidades político-institucionais presentes em cada país, já que, segundo Marcelo Neves, "na história constitucional da América do Sul cristalizou-se tipicamente uma relação pendular entre autocracia e democratização na forma, respectivamente, de constituições instrumentalistas e simbólicas".[182]

---

[180] Cf. O'DONNELL, Guillermo. *Reflexões sobre os Estados burocrático-autoritários*. São Paulo: Vértice, 1987, p. 21.

[181] Cf. CARDOSO, Fernando Henrique; FALETTO, Enzo. *Dependência e Desenvolvimento na América Latina: ensaio de interpretação sociológica*. 5ª ed., Rio de Janeiro: Zahar Editores, 1979.

[182] Cf. NEVES, Marcelo. A concepção de Estado de Direito e sua vigência prática na América do Sul, com especial referência à força normativa de um direito supranacional. In: CARNEIRO, Gustavo Ferraz Sales; SILVA, Christine Oliveira Peter da. *Controle de Constitucionalidade e Direitos Fundamentais: estudos em homenagem ao professor Gilmar Mendes*. Rio de Janeiro: Lumen Juris, 2010, p. 261.

Este *deficit* constitucional esteve presente em todos os regimes burocrático-militares formados no contexto da América Latina nas décadas de 1960 e 1970. Contudo, diferentemente dos regimes militares instalados no Chile (1973) e na Argentina (1976), onde as instituições do constitucionalismo moderno foram afastadas de maneira mais explícita; no caso do Brasil, a institucionalização da ditadura militar contou com um maior grau de cooperação entre juristas e militares para consolidar uma espécie de legalidade autoritária completamente avessa à legalidade constitucional.[183] Na verdade, os procedimentos judiciais eram respeitados apenas na aparência e os tribunais que julgavam os crimes políticos eram formados por juízes civis e militares, como acontecia com o Superior Tribunal Militar. Dessa maneira, mesmo diante das atrocidades praticadas pelos órgãos de repressão, o regime militar brasileiro preocupou-se, desde o seu início, com a manutenção simbólica de algumas instituições democráticas para garantir a legitimidade jurídica do regime.

Junto à violência produzida pelo Estado estavam as instituições do constitucionalismo moderno, numa espécie de razão cínica que servia para ocultar as arbitrariedades do regime. Embora tenham ocorrido diversos casos de sequestros e desaparecimentos durante a ditadura brasileira, a maior parte dos presos políticos era levada a julgamento em tribunais militares, que apenas aparentemente respeitavam o devido processo legal.[184] Por esse motivo, o regime militar brasileiro se diferenciou de outros regimes autoritários existentes na América Latina. Mesmo nos momentos em que o estamento burocrático-militar aumentou as restrições às liberdades públicas, ironicamente o regime procurou fazê-lo em nome da "democracia". A respeito dessa situação, Leonel Severo Rocha afirma que, "a tentativa de elaboração de uma *legalidade* revolucionária manifesta-se pela execução

---

[183] Cf. PEREIRA, Anthony. *Ditadura e Repressão: o autoritarismo e o Estado de direito no Brasil, no Chile e na Argentina*. São Paulo: Paz e Terra, 2010, p. 34.

[184] De acordo com Marcelo Cattoni, até nos períodos de maior recrudescimento da repressão foi possível encontrar pequenos espaços institucionais que ajudaram a fragilizar o Estado burocrático-autoritário brasileiro. Segundo ele, "[...] mesmo nos momentos de maior fechamento do regime – da edição (em 13 de dezembro de 1968) à revogação (em 17 de outubro de 1978) do ato institucional nº 5 – havia espaços sociais, político-institucionais e jurídicos que, embora fragmentários e escassos, foram sendo ocupados cotidianamente, em maior ou menor medida, por atores políticos, tanto ligados à 'oposição' quanto à 'situação' (distinção inclusive que em muitos casos é mais *gris* do que se imagina), agravando ainda mais – e de forma explosiva e imprevisível – as tensões internas ao regime". Para uma melhor compreensão destas questões, ver: CATTONI DE OLIVEIRA, Marcelo Andrade. Democracia sem espera e processo de constitucionalização: uma crítica aos discursos oficiais sobre a chamada "transição política brasileira". In: MACHADO, Felipe Daniel Amorim; ——. *Constituição e Processo: a resposta do constitucionalismo à banalização do terror*. Belo Horizonte: Del Rey, 2009, p. 378.

de uma eficiente estratégia legislativa".[185] Desse modo, embora possuísse elementos profundamente antidemocráticos, o regime militar brasileiro insistia em se apresentar como um regime democrático, ao conservar certas instituições fundamentais para os padrões ocidentais, como é o caso do Poder Legislativo e do Poder Judiciário.

Segundo Anthony Pereira, "embora o regime tenha chegado ao poder por meio da força, seus esforços de legalizar e legitimar a repressão praticada por eles foram importantes em termos de consolidação".[186] Desse modo, logo no primeiro dia após o golpe de estado, os militares buscaram legitimar o regime por meio do ato institucional nº 1, se autoinvestindo do poder constituinte para alterar radicalmente a Constituição de 1946. De acordo com o estamento burocrático-militar, que assumiu o poder em 1964, todos os 17 atos institucionais que se sucederam foram fundamentados nos atos institucionais anteriores, ou seja, o golpe vitorioso legitimava a si mesmo.[187] A lei funcionava apenas no seu aspecto simbólico, sendo o uso descontrolado da força seu verdadeiro fundamento de legitimidade.

Para alcançar os objetivos ideológicos da Guerra Fria, apresentados pelo campo político anticomunista, os militares rapidamente submeteram o direito ao seu livre arbítrio, dispondo da Constituição conforme a conveniência da situação. Estas posições estavam fundamentadas na Doutrina de Segurança Nacional,[188] originária dos Estados Unidos durante o período da Guerra Fria. Nela predominou uma concepção de confronto permanente com o comunismo, que exigia

---

[185] Cf. ROCHA, Leonel Severo. Os senhores da lei. In: *Epistemologia Jurídica e Democracia*. 2ª ed., São Leopoldo: Ed. Unisinos, 2003, p. 143.

[186] Cf. PEREIRA, Anthony. *Ditadura e Repressão: o autoritarismo e o Estado de direito no Brasil, no Chile e na Argentina*. São Paulo: Paz e Terra, 2010, p. 46.

[187] Para uma interessante análise dos 17 atos institucionais produzidos pelo regime militar, ver: ROCHA, Leonel Severo. Os senhores da lei. In: *Epistemologia Jurídica e Democracia*. 2ª ed., São Leopoldo: Ed. Unisinos, 2003.

[188] A respeito dessa questão o jurista e ex-secretário de segurança pública de São Paulo (1969 – 1971) Hely Lopes Meirelles afirmava que, "a defesa da pátria, a preservação das instituições, a proteção do cidadão e da coletividade é direito e dever do Estado. Nenhuma nação pode sobreviver com independência, se não lhe for reconhecida a prerrogativa de defender, com o Poder e pela força, se necessária, o seu território, o seu povo, o seu regime político e o seu sistema constitucional, contra a violência das minorias inconformadas e o ataque das ideologias contrárias à ordem jurídica vigente. [...] Além das atividades subversivas caracterizadas pelo emprego da violência para a tomada do poder, outras existem que podem influir na opinião pública e afetar a segurança nacional, tal como a divulgação de ideias e noticiários tendenciosos, por todos e quaisquer meios de comunicação falada, escrita ou expressa na imagem, pela imprensa, pelos filmes, pelo rádio ou pela televisão, as quais, por isso mesmo ficam sujeitas ao controle do Estado, através do poder de polícia". Para maiores esclarecimentos, ver: MEIRELLES, Hely Lopes. Poder de Polícia e Segurança Nacional. In: ACCA, Thiago dos Santos; LOPES, José Reinaldo de lima; QUEIROZ, Rafael Mafei Rabelo. *Curso de História do Direito*. 2ª ed., Rio de Janeiro: Forense; São Paulo: Método, 2009, p. 623.

Constituição e Poder
LIMITES DA POLÍTICA NO ESTADO DE DIREITO

uma aliança interamericana para a defesa do regime capitalista frente aos riscos de infiltração generalizada do movimento revolucionário internacional. A respeito dessa doutrina Nilson Borges afirma que, "as lutas políticas que surgem no interior de cada Nação são sistematicamente decompostas em função de elementos reais ou potenciais de subversão que eles, militares, poderiam conter e das medidas *contrarrevolucionárias* que aí corresponderiam".[189] Assim, a eliminação do inimigo interno, identificado pelos militares brasileiros como sendo todos os militantes políticos de esquerda, tornou-se extremamente importante para a preservação da segurança nacional contra os avanços do comunismo.

Para cumprir essa tarefa, os juristas entusiastas da ditadura militar assumiram uma postura objetivista e formalista muito próxima do positivismo exegético, ao sustentarem à aplicação rigorosa das leis supremas do Estado burocrático-autoritário contra as instituições democráticas que desejavam destruir. Eles eram adeptos de uma posição política autoritária e, por isso, não demonstravam grande interesse pelo direito constitucional de matriz liberal. Tratou-se de uma espécie de constitucionalismo antiliberal onde a suspensão dos direitos fundamentais era autorizada por um pseudodireito.[190] Um expoente desse pensamento autoritário foi o jurista Manuel Gonçalves de Ferreira Filho. Em sua obra de direito constitucional, ele chegou a afirmar que:

> Os direitos fundamentais, [...], impõem sérias e rigorosas limitações ao poder estatal. Essas limitações, na verdade, só podem ser respeitadas em período de normalidade, pois nos momentos de crise, embaraçariam de tal modo a ação do governo que este seria presa fácil para os inimigos da ordem.[191]

Nesse sentido, a Constituição esteve à disposição do estamento burocrático-militar para ser afastada ou aplicada conforme as conveniências da situação política. Isso fazia parte de um projeto de dominação tradicional que privatizava o direito e o espaço público. Na verdade, os adeptos dessa posição autoritária buscavam legitimar a ação de um movimento civil-militar que conspirava contra o próprio

---

[189] Cf. BORGES, Nilson. A doutrina de Segurança Nacional e os governos militares. In: DELGADO, Lucilia de Almeida Neves; FERREIRA, Jorge. *O Brasil Republicano: o tempo da ditadura – regime militar e movimentos sociais em fins do século XX.* 3ª ed., Rio de Janeiro: Civilização Brasileira, 2009, v. 4, p. 28.

[190] Cf. SANTOS, Rogério Dultra dos. Francisco Campos e os fundamentos do constitucionalismo antiliberal no Brasil. In: *Dados.* Rio de Janeiro: IUPERJ, v. 50, nº 2, 2007, p. 3.

[191] Cf. FERREIRA FILHO, Manoel Gonçalves de. *Curso de Direito Constitucional.* 7ª ed., São Paulo: Saraiva, 1978, p. 301.

direito,[192] ao sustentarem um constitucionalismo – oposto ao posicionamento de Maurizio Fioravanti – que impedia a institucionalização da democracia, do pluralismo e da cidadania de todos.[193] Um exemplo interessante desse envolvimento político de alguns juristas com o regime de exceção foi a atuação de Carlos Medeiros Silva e Francisco Campos na redação do ato institucional n° 1, sendo que o primeiro jurista logo depois acabou agraciado pelo ato institucional n° 2 com a vaga de ministro do STF.[194] Certamente, esse tipo de colaboração serviu para facilitar a ação dos militares contra o próprio direito e, ao mesmo tempo, oferecer uma aparente legalidade[195] a violenta repressão movida contra seus opositores.

A intenção do estamento burocrático-militar, em cercear a atuação institucional dos demais Poderes da República, pode ser observada nas chamadas cláusulas de exclusão da apreciação judicial. Por meio deste mecanismo o regime de exceção garantiu a autoimunização dos atos institucionais, bem como de seus atos complementares e dos demais atos baseados neles, impedindo qualquer interferência do Poder Judiciário nos interesses arbitrário do governo. As cláusulas pretendiam informar o Poder Judiciário sobre o momento em que deveria conhecer determinada questão. Nesse sentido, segundo Leonardo Augusto, "criar um mecanismo jurídico destinado a negar eficácia a direitos fundamentais é jogar o direito contra si próprio, é dissolver as condições sem as quais o exercício do poder não pode se legitimar".[196] Assim, o Estado burocrático-autoritário suprimiu um direito fundamental do cidadão a inafastabilidade da prestação jurisdicional, ao fragilizar os limites impostos pelo constitucionalismo moderno ao

---

[192] Para uma análise da história do constitucionalismo brasileiro a partir de uma concepção autoritária, ver: REALE, Miguel. Momentos decisivos do constitucionalismo brasileiro. In: *Revista de Informação Legislativa*. Brasília: ano 20, n° 77, 1983.

[193] Cf. FIORAVANTI, Maurizio. *Constitución: de la antiguidad a nuestros dias*. Madrid: Editorial Trotta, 2001.

[194] Cf. BARBOSA, Leonardo Augusto de Andrade. *História constitucional brasileira: mudança constitucional, autoritarismo e democracia no Brasil pós-1964*. Brasília: Câmara dos Deputados, 2012, p. 52 – 53.

[195] Cf. PINHEIRO, Paulo Sérgio. O enigma da legalidade do autoritarismo. In: PEREIRA, Anthony W. *Ditadura e Repressão: o autoritarismo e o Estado de direito no Brasil, no Chile e na Argentina*. São Paulo: Paz e Terra, 2010, p.10. A respeito dessa aparente legalidade Paulo Sérgio Pinheiro afirma que, "o golpe de Estado de 1964, como seus congêneres argentino e chileno, tomadas as devidas proporções, preocupou-se, como no caso nazista, com a 'aquisição pseudo-legal do poder': aqui a sucessão presidencial seguiu a Constituição, o ditador foi 'eleito' pelo Congresso Nacional, as eleições jamais foram suspensas, a justiça eleitoral funcionou de forma autônoma, e o Congresso esteve em funcionamento a maior parte do período ditatorial".

[196] Cf. BARBOSA, Leonardo Augusto de Andrade. *História constitucional brasileira: mudança constitucional, autoritarismo e democracia no Brasil pós-1964*. Brasília: Câmara dos Deputados, 2012, p. 92.

exercício arbitrário do poder político e, ao mesmo tempo, abalar a necessária autonomia funcional dos Poderes. Segundo Emília Viotti da Costa:

> À semelhança do Estado Novo, os poderes do Executivo foram aumentados. Seus atos escaparam ao controle do Judiciário. O Supremo Tribunal Federal foi atingido por várias medidas que interferiram na sua composição e limitaram seus poderes. Os direitos e as garantias dos cidadãos, assim como a liberdade de comunicação, reunião e pensamento, ficaram subordinados ao conceito de segurança nacional.[197]

Certamente, todos os problemas do "constitucionalismo" desse período estiveram associados à deficiente autonomia do direito perante as estruturas de dominação política do Estado burocrático-autoritário, que, neste caso, possuíam como características fundantes o domínio de grupos privilegiados e a manutenção de relações sociais clientelistas, capazes de excluir grande parte da população de qualquer tipo de participação política. No plano das relações entre direito e política, manifestou-se a dominação do poder político em detrimento do constitucionalismo. A respeito dessa situação Marcelo Neves afirma que, "[...] as leis constitucionais não servem à limitação do poder, mas antes atuam como instrumentos dos detentores fáticos do poder, que se apresentam personalisticamente ou como 'burocracia' impessoal".[198] Assim, o estamento burocrático-autoritário transformou o direito numa mera racionalidade instrumental, ao utilizar-se dos textos constitucionais ou das leis de exceção para exercer o mandonismo.

Nessas condições, o Poder Judiciário não conseguiu cumprir a importante função institucional de defender a supremacia constitucional e acabou sucumbido frente às investidas arbitrárias do poder político. Na verdade, o Poder Judiciário estava autorizado a julgar com autonomia somente nas demandas em que a ditadura não fosse contrariada. Isso aconteceu com o STF após o ato institucional n° 5, ao ter cerceada sua atuação nos casos de exame de *habeas corpus* referentes à segurança nacional e crimes políticos. Ainda que de maneira episódica, no início do regime algumas decisões proferidas pelo tribunal chegaram a contrariar diretamente os militares, causando algumas derrotas constrangedoras aos golpistas. Isso ocorreu nos caso em que o tribunal concedeu o *habeas corpus* para os ex-governadores Mauro

---

[197] Cf. COSTA, Emília Viotti da. *O Supremo Tribunal Federal e a construção da cidadania*. 2ª ed. São Paulo: Unesp, 2006, p. 160.

[198] Cf. NEVES, Marcelo. A concepção de Estado de Direito e sua vigência prática na América do Sul, com especial referência à força normativa de um direito supranacional. In: CARNEIRO, Gustavo Ferraz Sales; SILVA, Christine Oliveira Peter da. *Controle de Constitucionalidade e Direitos Fundamentais: estudos em homenagem ao professor Gilmar Mendes*. Rio de Janeiro: Lumen Juris, 2010, p. 263.

Borges (GO) e Miguel Arraes (PE), que vinham sendo mantidos em detenção sem que o devido processo legal tivesse sido respeitado.

Do mesmo modo, é possível ressaltar que, em algumas situações, também ocorreram desentendimentos com ministros que inicialmente estiveram alinhados ideologicamente com o golpe de 1964. Este foi o caso do ministro Adauto Lúcio Cardoso, que aos poucos foi se afastando dos militares, até romper radicalmente com eles em 1971 por se posicionar contrariamente ao Decreto 1.077, de janeiro de 1970, que antevia a censura prévia a livros e periódicos. Desse modo, ao mesmo tempo em que se posicionou contra a medida autoritária do regime, Adauto também se revoltou contra a decisão dos demais ministros, que, na prática, acabou por reconhecer a incapacidade institucional do STF de decidir sobre a guarda constitucional. Assim, indignado com a postura dos colegas, o ministro Adauto tirou a toga e a jogou no chão, retirando-se do plenário para nunca mais retornar ao STF.

Após sofrer forte pressão dos militares, o Poder Judiciário acabou submetido ao autoritarismo de um regime político que pouco se importava com o direito. Com base no princípio da legitimidade revolucionária, alguns ministros do STF favoráveis ao regime militar, como foi o caso do ministro Aliomar Baleeiro, procuraram sustentar os atos arbitrários praticados pelos generais, ao defenderem que seria praticamente impossível conceber uma revolução de profundidade sem que o próprio tribunal passasse por qualquer tipo de mudança.[199] De fato, em 1965, o ato institucional nº 2 atingiu diretamente a estrutura do tribunal, modificando o número de ministros de onze para dezesseis e formando uma composição interna mais favorável às posições ideológicas do regime.[200] Segundo José Murilo de Carvalho,

> O Poder Judiciário, em tese o garantidor dos direitos civis, foi repetidamente humilhado. Ministros do Supremo Tribunal Federal foram aposentados e tiveram seus direitos políticos cassados. Outros não fizeram honra à instituição, colaborando com o arbítrio. O número de ministros foi aumentado para dar maioria aos partidários do governo.[201]

A justificativa do governo militar, para alterar a composição interna do tribunal, surgiu após uma entrevista do ministro Ribeiro da Costa – na época presidente do STF – condenando as constantes interferências do Poder Executivo no Poder Judiciário. Nessa ocasião, o presidente Castelo Branco encontrou a oportunidade política para

---

[199] Cf. BALEEIRO, Aliomar de Andrade. *O Supremo Tribunal Federal, esse outro desconhecido*. Rio de Janeiro: Forense, 1968, p. 131.

[200] Cf. VILLA, Marco Antonio. *A História das Constituições brasileiras*. São Paulo: Leya, 2011, p. 143.

[201] Cf. CARVALHO, José Murilo de. *Cidadania no Brasil: o longo caminho*. 15ª ed., Rio de Janeiro: Civilização Brasileira, 2012, p. 194.

Constituição e Poder
LIMITES DA POLÍTICA NO ESTADO DE DIREITO

nomear mais cinco ministros alinhados ideologicamente com o regime. Foram eles: Adalício Coelho Nogueira, José Eduardo Prado Kelly, Osvaldo Trigueiro de Albuquerque Melo, Aliomar de Andrade Baleeiro e Carlos Medeiros Silva.[202] Mais tarde, por meio do ato institucional nº 6, o STF passou a ser composto por 13 ministros, ao aposentar compulsoriamente os ministros que divergiam dos generais: Evandro Lins e Silva, Vítor Nunes Leal e Hermes Lima.[203] Assim, o tribunal teve sua composição alterada conforme os anseios políticos daqueles que detinham o poder.

Foi nesse momento que surgiu o controle concentrado de constitucionalidade no contexto brasileiro, contrariando toda a experiência do constitucionalismo que surgira na Europa continental após as catástrofes da Segunda Guerra Mundial, já que neste último caso a jurisdição constitucional havia sido fortalecida para garantir a supremacia das novas Constituições. Desse modo, ao mesmo tempo em que o regime militar rompera com a Constituição de 1946 e inflara o STF com juristas mais alinhados ao governo, instituindo uma composição interna mais conveniente aos seus próprios interesses políticos; o mesmo regime atribuiu ao STF a relevante competência institucional para realizar o controle abstrato de constitucionalidade, que em tese deveria servir para aumentar a proteção dos direitos fundamentais garantidos pela Constituição. A real intenção do estamento burocrático-militar, com a incorporação do controle concentrado de constitucionalidade, foi estabelecer um mecanismo rápido e eficaz de controle da atividade judicial e impedir que juízes com posturas ideológicas divergentes pudessem contrariar o regime por meio do controle difuso de constitucionalidade.[204] Por esse motivo, Leonardo Augusto afirma que,

> [...] as mediadas adotadas pelo ato institucional (nº 2) e pelas reformas constitucionais subsequentes destinavam-se a assegurar ao regime 'tranquilidade' para concretizar a agenda revolucionária, reduzindo a capacidade de oposição institucional por parte do Congresso e do Judiciário.[205]

---

[202] Cf. BARBOSA, Leonardo Augusto de Andrade. *História constitucional brasileira: mudança constitucional, autoritarismo e democracia no Brasil pós-1964.* Brasília: Câmara dos Deputados, 2012, p. 86. A respeito destes novos ministros indicados pelo regime militar Leonardo Augusto afirma que, "[...] os nomes escalados para compor o STF não deixavam dúvidas de que o *court-paking* militar tinha como propósito impedir qualquer resistência institucional significativa às medidas julgadas necessárias pelo regime para a estabilização e reforma das instituições nacionais".

[203] Cf. COSTA, Emília Viotti da. *O Supremo Tribunal Federal e a construção da cidadania.* 2ª ed. São Paulo: Ed. Unesp, 2006, p. 173.

[204] Cf. STRECK, Lenio Luiz. *Jurisdição Constitucional e Hermenêutica: uma nova crítica do Direito.* 2ª ed., Rio de Janeiro: Forense, 2004, p. 448.

[205] Cf. BARBOSA, Leonardo Augusto de Andrade. *História constitucional brasileira: mudança constitucional, autoritarismo e democracia no Brasil pós-1964.* Brasília: Câmara dos Deputados, 2012, p. 90.

Assim, ficou estabelecido o modelo abstrato de controle de constitucionalidade sob a forma de uma representação, que haveria de ser proposta somente pelo procurador-geral da República. A intenção dos militares não era favorecer a supremacia constitucional, por meio da incorporação do controle abstrato, mas utilizar em causa própria este importante mecanismo constitucional. O controle concentrado passou a ser exercido pelo STF apenas nos casos em que o alto funcionário de confiança do presidente da República – o procurador-geral da República – decidisse exercê-lo, tendo pouco valor no controle dos atos inconstitucionais produzidos pelo Poder Executivo ou no interesse deste.[206] Por outro lado, o MDB – único partido de oposição autorizado pelos militares – até tentou diminuir a discricionariedade do procurador-geral da República, ao defender que este deveria prosseguir com a representação de inconstitucionalidade mesmo nos casos em que demonstrasse alguma discordância. No entanto, em acórdão de 10 de março de 1971, o STF definiu a competência exclusiva do procurador-geral da República no tocante à iniciativa da ação direta de inconstitucionalidade, reconhecendo inclusive que ele poderia determinar de plano o seu arquivamento.

Na verdade, a engenharia institucional dos militares consagrou uma estranha ampliação da jurisdição constitucional no contexto brasileiro, ao permitir um controle abstrato sempre vigiado pelo estamento burocrático-militar. No modo como o controle abstrato foi incorporado pelo Brasil, o procurador-geral da República acabava decidindo, previamente, a respeito de todas as questões que deveriam chegar ao STF. Desse modo, quem de fato assumiu a tarefa de exercer o controle concentrado foi o procurador-geral da República, que, nesse caso, devido às alterações constitucionais daquele momento, tornou-se um intérprete privilegiado da constitucionalidade das leis.

Somado a todos esses problemas, também esteve presente a dificuldade dos primeiros ministros do STF em operar as novas técnicas do controle concentrado, já que desde a proclamação da República o Brasil vinha exercendo a jurisdição constitucional por meio do controle difuso, de matriz estadunidense. Desse modo, após a incorporação do controle abstrato, muito se debateu sobre a necessidade do pronunciamento do Senado, para que a lei, declarada inconstitucional pelo STF, pudesse perder sua eficácia. Na verdade, diferentemente do controle difuso, onde o Poder Judiciário se limitava a realizar um juízo sobre a validade da lei no caso concreto; no controle concentrado a

---

[206] Cf. VIEIRA, Oscar Vilhena. *Supremo Tribunal Federal: jurisprudência política*. São Paulo: Revista dos Tribunais, 1994, p. 79.

Constituição e Poder
LIMITES DA POLÍTICA NO ESTADO DE DIREITO

atuação do STF deveria se assemelhar à atividade legislativa, só que em sentido negativo, o que acabava dificultando o entendimento dos ministros a respeito das diferenças entre os dois modelos de jurisdição constitucional.

Nesse sentido, é possível constatar que diversas questões importantes dificultaram a vida do constitucionalismo brasileiro durante o regime burocrático-autoritário de 1964-1985. Entre elas estiveram as alterações na composição do STF, a formação do controle concentrado de constitucionalidade dirigido pelo Poder Executivo e as constantes violações ao direito por meio dos atos institucionais. Mais uma vez o Brasil importou um mecanismo constitucional – o controle concentrado – que acabou completamente desvirtuado pelos *donos do poder*, servindo muito mais ao regime de exceção do que propriamente à consolidação da supremacia constitucional. O que ocorreu foi o transporte acrítico de um modelo de jurisdição constitucional para um contexto social no qual não estava presente os pressupostos mínimos para a sua efetivação. Numa conjuntura autoritária, onde as instituições estavam submetidas à vontade do estamento burocrático-militar, ficou praticamente impossível sustentar as conquistas do constitucionalismo do Segundo Pós-Guerra. Foi por esse motivo que durante muito tempo o STF foi visto como *um outro desconhecido*.[207] Diante de uma situação histórica adversa, onde o autoritarismo prevaleceu em detrimento das instituições democráticas, o Brasil acabou tendo que aguardar mais duas décadas para conquistar uma jurisdição constitucional com melhores condições de defender a supremacia do direito.

2.4. Balanço intermediário: as influências de regimes autoritários para a caracterização de uma atuação inexpressiva do Poder Judiciário

Historicamente, a sociedade brasileira tem apresentado grande dificuldade para consolidar um sistema político democrático, no

---

[207] Cf. BALEEIRO, Aliomar de Andrade. *O Supremo Tribunal Federal, esse outro desconhecido*. Rio de Janeiro: Forense, 1968. Nesta obra, publicada no final da década de 1960, Aliomar Baleeiro iniciou o trabalho com um testemunho bem interessante a respeito do seu primeiro contato com o STF, durante as eleições presidenciais de 1919. Na época, o jurista Ruy Barbosa havia se lançado candidato a presidente da República e vinha encontrando grande dificuldade para realizar sua campanha na Bahia, pois as autoridades públicas do estado, que no caso apoiavam a candidatura de Epitácio Pessoa, estavam impedindo a livre circulação de seus correligionários. Um dia, o jovem Aliomar Baleeiro foi surpreendido por seus familiares, ao comemorarem o *habeas corpus* que o STF concedera a Ruy Barbosa, garantindo a liberdade de expressão e a livre circulação de seus partidários políticos. Assim, por meio dessa experiência pessoal, Baleeiro procurou apresentar o ainda desconhecido STF à comunidade política de sua época.

qual o direito tenha condições de se contrapor efetivamente ao peso avassalador do poder central. A ineficiência de mecanismos explícitos de responsabilização dos governantes em relação aos governados fez predominar a existência de regimes autoritários por um longo tempo. Assim, em vez de um poder político submetido à Constituição, o que realmente ocorreu foi a sobreposição de um domínio estamental contrário ao direito, dificultando a incorporação das conquistas constitucionais que poderiam favorecer a institucionalização do regime democrático.

Segundo Marcelo Neves, "a legislação constitucional, casuisticamente modificada de acordo com a conjuntura de interesses dos 'donos do poder', tornava-se basicamente, então, simples instrumento jurídico dos grupos dominantes, atuava como uma arma na luta pelo poder".[208] Essa situação pode ser comprovada nos três períodos analisados neste capítulo, ao percorrer por algumas instituições do Império, da República Velha e do Estado burocrático-autoritário que ajudaram a compreender as deficiências do constitucionalismo brasileiro. Nesta reconstrução histórica, é possível perceber que os regimes autoritários foram cruciais para uma caracterização inexpressiva do Poder Judiciário, pois impediram que sua atuação institucional favorecesse a defesa da supremacia constitucional. Nessas circunstâncias, o direito perdeu sua autonomia, e o poder político passou a ser exercido de maneira completamente arbitrária por aqueles que comandavam o Estado. Foi essa a situação que predominou em grande parte dos regimes políticos instituídos no Brasil antes da Constituição de 1988.

Obviamente, é preciso destacar que o autoritarismo praticado nesses três períodos históricos não foi analisado como parte de um único movimento político, sendo compreendido fora de suas especificidades conjunturais. Na verdade, a escolha do Império, da República Velha e do regime militar serviu para a compreensão de duas questões: como a inexistência de uma jurisdição constitucional e as manipulações do Poder Moderador favoreceram a instrumentalização do direito, no primeiro caso; e como a incorporação incoerente do controle difuso e do controle concentrado, no segundo e no terceiro casos, também serviram para que o domínio estamental se sobrepusesse ao direito. Guardadas as particularidades históricas de cada período, o que houve de comum entre eles foi o completo descaso com o direito, chegando ao ponto de o estamento manipular, em benefício próprio, os principais mecanismos constitucionais de limitação do poder

---

[208] Cf. NEVES, Marcelo. *A constitucionalização simbólica*. 3ª ed., São Paulo: Martins Fontes, 2011, p. 177 – 178.

político. Estas condições adversas para o estabelecimento do constitucionalismo foram fundamentais para a caracterização de uma atuação mais retraída por parte do Poder Judiciário.

No tempo do Império, a primeira Constituição foi uma imposição do imperador D. Pedro I, que primeiramente fechou a Assembleia Constituinte, para depois outorgar um documento político-jurídico sem muita eficácia para a limitação do poder político. Nessa época, o Poder Judiciário exerceu um papel institucional pouco importante na estrutura burocrática do Estado e acabou instrumentalizado pelas forçar políticas que se digladiavam por um lugar na Câmara dos Deputados, no Senado e no Conselho de Estado. De maneira despótica, o monarca se sobrepôs a todas as instituições, utilizando-se do Poder Moderador para controlar o trabalho dos demais Poderes. Assim, o que realmente deteve a supremacia política durante esse período foi a vontade do imperador e do estamento burocrático.

A passagem para a República não foi capaz de alterar essa relação de sobreposição do poder político ao direito. Nesse sentido, o surgimento da jurisdição constitucional, no contexto brasileiro, foi uma experiência *sui generis*, pois, se nos Estados Unidos e na Europa continental o controle difuso e o controle concentrado foram apresentados para dar normatividade às Constituições e, ao mesmo tempo, aumentar o controle dos atos políticos por meio da supremacia do direito; no caso brasileiro, os regimes autoritários incorporaram estes mecanismos constitucionais nos momentos em que a proteção e a garantia dos direitos fundamentais estavam mais fragilizadas, como a recepção da *judicial review* pela República oligárquica e a assimilação do controle concentrado pela Emenda Constitucional n° 16, de 26 de novembro de 1965, em plena ditadura militar. Tratou-se de uma razão cínica do estamento burocrático, que importou diversas conquistas do constitucionalismo estadunidense e europeu sem que, ao mesmo tempo, deixasse imperar a supremacia constitucional.

Assim, nesses cento e vinte anos de história da jurisdição constitucional brasileira inúmeras contradições e incoerências acompanharam a atuação institucional do STF. Marcado profundamente pelas intervenções políticas do Poder Executivo em temas e assuntos de sua exclusiva competência, este tribunal acabou descrito na primeira metade do século XX, pelo jurista João Mangabeira, como o Poder que mais havia falhado na República. E não foi sem motivação que o jurista baiano apontou suas baterias para criticar a atitude subserviente do órgão de cúpula do Poder Judiciário. Vítima da arbitrariedade política do Estado Novo, João Mangabeira foi preso pelos órgãos de segurança da ditadura Vargas e, por diversas vezes, teve seu pedido de *habeas corpus* negado pelo mesmo tribunal que deveria zelar pela defesa dos direitos fundamentais.[209] Por motivos como este, é possível afirmar que a persistência de regimes autoritários foi capaz de sufocar, durante muito tempo, a atuação da jurisdição constitucional no contexto brasileiro, prejudicando, durante o regime republicano, a incorporação da *judicial review* e do controle concentrado de constitucionalidade.

Desse modo, a partir da análise que Faoro fez da formação do patronato político, foi possível avaliar as deficiências da jurisdição constitucional no Brasil, onde elementos pré-modernos de dominação acabaram dificultando a incorporação de instituições formadas pelo constitucionalismo moderno. Segundo ele, acima das classes sociais prevalece o domínio do estamento burocrático, sempre instrumentalizando o direito e controlando o espaço público para seu próprio proveito. É nesse tipo de dominação política que se desenvolve o chamado capitalismo politicamente orientado, com as instituições públicas sempre servindo aos interesses daqueles que dominam o Estado.[210] Nesse sentido, a incorporação de mecanismos constitucionais que servem para favorecer a supremacia do direito em relação ao poder político perde toda a sua eficácia, sendo completamente distorcidos pelo poder arbitrário.

Diferentemente do caso brasileiro, a história do constitucionalismo inglês, francês e estadunidense sempre buscou o fortalecimento das instituições comprometidas com o controle do poder político. Cada um a sua maneira elaborou mecanismos próprios, que estavam em concordância com suas particularidades históricas, para limitar o exercício arbitrário do poder político. Não cabe neste trabalho analisar de maneira mais aprofundada o desempenho dessas instituições constitucionais em seus contextos originários, avaliando se todas elas cumpriram bem o seu papel na defesa do direito. O mais importante, para os objetivos desta pesquisa, é a compreensão das razões políticas que levaram ao seu aparecimento nos Estados Unidos e na Europa, para depois analisar a maneira como o estamento burocrático as incorporou no Brasil.

Dessa forma, nos casos da Inglaterra e da França, o problema encontrava-se no âmbito das monarquias absolutistas, formadas no século XVI para superar a fragmentação do poder político predominante no contexto da Idade Média e, ao mesmo tempo, sufocar as constantes

---

[209] Cf. VILLA, Marco Antonio. *A História das Constituições brasileiras*. São Paulo: Leya, 2011.

[210] Cf. FAORO, Raymundo. *Os donos do poder: formação do patronato político brasileiro*. 3ª ed., São Paulo: Globo, 2001.

Constituição e Poder
LIMITES DA POLÍTICA NO ESTADO DE DIREITO

guerras religiosas entre facções e grupos rivais que surgiram após o grande cisma ocorrido na Igreja Católica durante a reforma protestante. Acontece que – e isso ocorreu com maior vigor no caso francês – após o processo de secularização da política e de pacificação dos grupos religiosos, o poder exercido pelos monarcas absolutistas tornou-se arbitrário frente à ausência de separação das funções legislativa, executiva e judicial. Desse modo, em ambos os casos, Inglaterra e França foram obrigadas a rearticular as relações entre as três funções, criando um novo equilíbrio institucional que afastava completamente o poder arbitrário do monarca. Na experiência inglesa, a resposta oferecida pela Revolução Gloriosa foi a supremacia do Parlamento; na experiência francesa, os revolucionários primeiramente apostaram na *volonté générale* exercida no âmbito do Poder Legislativo, para depois – já no período contrarrevolucionário – receberem das mãos de Napoleão Bonaparte a segurança e a certeza dos Códigos.

Por outro lado, no caso dos Estados Unidos, a guerra de independência ofereceu novas condições para o desenvolvimento da engenharia constitucional moderna. Ao contrário do contexto europeu, o maior inimigo dos colonos não foi um monarca absolutista, mas um Parlamento que, poucos anos atrás, havia derrotado todas as pretensões arbitrárias do rei da Inglaterra. Dessa forma, o equilíbrio político criado pelo federalismo, após o processo de independência, exigiu um Poder Judiciário muito mais presente no cenário político nacional, capaz de assegurar a supremacia constitucional contra qualquer tipo de arbitrariedade praticada tanto pelo Poder Executivo, como pelo Poder Legislativo. Com isso surgiu a Suprema Corte, um verdadeiro tribunal da federação com a função de assegurar a unidade do direito estadunidense e, ao mesmo tempo, proteger os direitos fundamentais do cidadão. Nasceu assim, também, a *judicial review*, um modelo de jurisdição constitucional aperfeiçoado pelas necessidades da nova nação independente, já que elementos do constitucionalismo inglês, presentes na doutrina da supremacia do *common law* do juiz Edward Coke, haviam influenciado grandemente na elaboração deste importante mecanismo de controle de constitucionalidade.

Como foi possível perceber, nestes três casos descritos acima houve uma grande autenticidade na construção dos mecanismos constitucionais de enfrentamento contra o poder arbitrário. Inglaterra, França e Estados Unidos elaboraram verdadeiras barreiras contra a arbitrariedade presente em suas respectivas realidades políticas. De acordo com Marcelo Cattoni:

> [...] uma nova estrutura jurídico-política estava sendo delineada, não era apenas o rei que dava lugar a um presidente ou a um diretório; não era apenas um estado federal

que surgia com suas duas câmaras legislativas; não era apenas um documento escrito que se propunha a organizar o espaço político e a assegurar certos direitos individuais. Mais do que isso, o que estava em jogo era o próprio fundamento da autoridade e do poder.[211]

Certamente, outros problemas surgiram mais tarde, como o autoritarismo baseado na *volonté générale* dos Parlamentos europeus e o ativismo judicial presente no contexto estadunidense. No entanto, a criação desses primeiros mecanismos constitucionais de controle do poder político foi fundamental para o fortalecimento da democracia. E é dessa maneira que o funcionamento do controle difuso e do controle concentrado de constitucionalidade deve ser compreendido no contexto brasileiro. Sem a supremacia do direito fica praticamente impossível o funcionamento de uma jurisdição constitucional, pois governos autoritários não submetem seus atos a nenhum tipo de controle jurisdicional ou filtro constitucional. Com Georges Abboud é possível afirmar que, "[...] a Jurisdição Constitucional deve auxiliar e assegurar a estabilidade constitucional, bem como servir de via para o desenvolvimento constitucional sem permitir frequentes mudanças constitucionais".[212] Assim, seria um grande contrassenso imaginar que esses mecanismos de jurisdição constitucional pudessem funcionar nos regimes políticos autoritários formados antes da Constituição de 1988.

---

[211] Cf. CATTONI DE OLIVEIRA, Marcelo Andrade; GOMES, David Francisco Lopes. Entre Direito e Política – Novas contribuições para a teoria do Poder Constituinte e o problema constitucional da fundação moderna da legitimidade. In: ——; MACHADO, Felipe. *Constituição e Processo: entre o Direito e a Política*. Belo Horizonte: Editora Fórum, 2011, p. 254.

[212] Cf. ABBOUD, Georges. *Jurisdição Constitucional e Direitos Fundamentais*. São Paulo: Revista dos Tribunais, 2011, p. 473.

3. Estamento e ativismo judicial: a atuação do Poder Judiciário em tempos de Estado Democrático de Direito

A redemocratização significou um grande avanço político para o Brasil. Após vinte e quatro anos de ditadura militar, foi promulgada a Constituição de 1988, que permitiu uma reconfiguração institucional no tipo de relação que os três Poderes devem manter no Estado Democrático de Direito. O novo paradigma constitucional passou a considerar outros canais de participação política, respeitando a pluralidade e a coexistência pacífica entre os diversos segmentos da sociedade. Anteriormente, havia predominado o mandonismo exercido no âmbito do Executivo, sendo os Poderes Legislativo e Judiciário constantemente atropelados pelos atos arbitrários praticados pelos governos autoritários. A superação desses regimes criou maiores limitações à atuação do Executivo e elevou o papel institucional do Judiciário a uma nova condição política para fortalecer a supremacia da nova Constituição. Agora a consolidação do regime democrático também depende de uma maior manifestação por parte do Poder Judiciário. De acordo com Werneck Vianna:

> Dessas múltiplas mutações, a um tempo institucionais e sociais, têm derivado não apenas um novo padrão de relacionamento entre os Poderes, como também a conformação de um cenário para a ação social substitutiva a dos partidos e a das instituições políticas propriamente ditas, no qual o Poder Judiciário surge como uma alternativa para a resolução de conflitos coletivos, para a agregação do tecido social e mesmo para a adjudicação de cidadania, tema dominante na pauta da facilitação do acesso à Justiça.[213]

Nesse sentido, a partir do Constitucionalismo Contemporâneo, o Poder Judiciário passou a exercer uma função extremamente relevante para a afirmação da autonomia do direito, oferecendo melhores con-

---

[213] Cf. VIANNA, Luiz Werneck; BURGOS, Marcelo Baumann; CARVALHO, Maria Alice Rezende de; MELO, Manuel Palacios Cunha. *A judicialização da política e das relações sociais no Brasil*. Rio de Janeiro: Revan, 1999, p. 22.

Constituição e Poder
LIMITES DA POLÍTICA NO ESTADO DE DIREITO

dições institucionais para que este não acabasse suprimido pela política, pela economia e pela moral. O novo constitucionalismo passou a definir os fins e os objetivos que o Estado e a sociedade devem perseguir para alcançar o Estado Democrático de Direito. Ainda segundo Werneck Vianna, "[...] o que se constata é que a vocação expansiva do princípio democrático tem implicado uma crescente institucionalização do direito na vida social, invadindo espaços até há pouco inacessíveis a ele, como certas dimensões da esfera privada".[214] Esse fenômeno levou à normatização de algumas posições políticas voltadas fundamentalmente para a melhoria das condições sociais e econômicas da população. Desse modo, a Constituição de 1988 é resultado dos avanços político-constitucionais do Segundo Pós-Guerra e, portanto, deve se sobrepor a todos os Poderes para garantir a necessária institucionalização do regime democrático.[215]

É verdade que, em vários aspectos, estas conquistas do Constitucionalismo Contemporâneo têm encontrado grandes obstáculos para serem implementadas. Primeiramente, é importante considerar que a dificuldade para se alcançar uma democracia representativa, após o término da ditadura militar, levou o Brasil a formar um subtipo de democracia, chamado por Guillermo O'Donnell de democracia delegativa. Neste caso, o cientista político argentino demonstrou que a transição de regimes burocrático-autoritários para governos eleitos democraticamente não encerrou a tarefa de institucionalização da democracia, já que a delegação acabou prevalecendo sobre a representação, dando continuidade à histórica tradição política brasileira de centralização do poder. De acordo com Marcelo Cattoni, o que ocorreu foi uma situação de hipertrofia do Poder Executivo, que prejudicou e continua a prejudicar a consolidação do Estado Democrático de Direito consagrado pela Constituição de 1988.[216]

---

[214] Cf. VIANNA, Luiz Werneck; BURGOS, Marcelo Baumann; CARVALHO, Maria Alice Rezende de; MELO, Manuel Palacios Cunha. *A judicialização da política e das relações sociais no Brasil*. Rio de Janeiro: Revan, 1999, p. 15.

[215] Cf. BERCOVICI, Gilberto. A problemática da Constituição dirigente: algumas considerações sobre o caso brasileiro. In: *Revista de Informação Legislativa*. Brasília, nº 142, 1999, p. 47. A respeito da ineficácia do texto constitucional, Bercovici afirma que: "Não havendo concretização da Constituição enquanto mecanismo de orientação da sociedade, ela deixa de funcionar enquanto documento legitimador do Estado. Na medida em que se amplia a falta de concretização constitucional, com as responsabilidades e respostas sempre transferidas para o futuro, intensifica-se o grau de desconfiança e descrédito do Estado".

[216] Cf. CATTONI DE OLIVEIRA, Marcelo Andrade; ALVES, Adamo Dias. Considerações sobre a reforma política: uma análise da relação entre Legislativo e Executivo contra o presidencialismo de coalizão e o bonapartismo. In: *Revista do Instituto de Hermenêutica Jurídica*. Belo Horizonte, nº 9, p. 13 – 31, 2011, p. 15. Nesse sentido Cattoni afirma que, "[...] imersa em uma cultura política marcada pelo personalismo político, pela demagogia, pelo autoritarismo e pela corrupção, a democracia brasileira enfrenta o grande desafio de desenvolver-se contra um comportamento

Certamente, diante de uma grave crise social e econômica e de uma burocracia fraca e desarticulada, os presidentes acaba(ra)m eleitos como verdadeiros salvadores da pátria, ignorando os partidos políticos, o Congresso Nacional e praticamente todas as outras organizações de representação de interesses nos momentos de formulação das políticas públicas. Segundo O'Donnell, "os candidatos presidenciais vitoriosos nas democracias delegativas se apresentam como estando acima de todas *as partes*; isto é, dos partidos políticos e dos interesses organizados".[217] Assim, enquanto nas democracias consolidadas as decisões políticas são tomadas lentamente, por meio de discussões mais abertas com as instituições representativas da sociedade civil, e implementadas com maior eficiência pelo Estado; no caso das democracias delegativas o que ocorre é uma espécie de frenesi decisional por parte do Poder Executivo, que desconsidera a participação das instituições representativas da sociedade civil por meio de decisões rápidas e unilaterais, que, na maioria dos casos, acabam por não serem implementadas.[218]

Em segundo lugar, é importante destacar a dificuldade institucional para se manter um sistema de governo presidencialista, baseado num sistema multipartidário fragmentado. O problema não é a falta de apoio popular aos presidentes recém-eleitos, mas sim a ausência de apoio estável no âmbito do Parlamento. Nesse caso, que prevalece atualmente no Brasil, o presidente da República sempre é eleito em condições políticas adversas para se relacionar com o Congresso Nacional, já que o seu partido nunca alcança a maioria dos deputados e senadores. Outrossim, a indisciplina, a ausência de um programa político bem definido e a desorganização presentes em quase todos os partidos políticos agravam ainda mais a situação, exigindo que o Poder Executivo mantenha uma relação muito mais personalista do que propriamente institucional com seus parlamentares.

Para enfrentar essa situação, os presidentes realizam uma espécie de coalizão multipartidária, que funciona na base da entrega de ministérios, secretarias e cargos em estatais aos deputados e senadores da base aliada, assegurando uma diminuição temporária no grau

---

político e uma estrutura que concentra poderes no Executivo, resquícios do Estado Ditatorial, que ao invés de implementar os procedimentos pelos quais se dê uma participação crescente do povo na deliberação das questões públicas e torne seus canais de representação política o reflexo das intenções dos representados, adota um sistema de governo que possibilita a centralização de poder nas mãos de um único agente político, que rivaliza com a representação plural da complexa sociedade brasileira. É a chamada hipertrofia do presidencialismo brasileiro".

[217] Cf. O'DONNELL, Guillermo. Democracia Delegativa? In: *Novos Estudos*. São Paulo: Cebrap, n° 31, 1991, p. 30.

[218] Idem, p. 38.

Constituição e Poder
LIMITES DA POLÍTICA NO ESTADO DE DIREITO

de tensionamento com o Poder Legislativo por meio da patronagem e do fisiologismo.[219] Por outro lado, essa relação clientelista fragiliza as relações entre o Poder Executivo e o Congresso Nacional e, simultaneamente, dificulta a formação de um equilíbrio institucional necessário para a consolidação do Estado Democrático de Direito.[220]

Nessas condições, fica muito difícil determinar se um partido realmente apoia o governo, já que a sua presença em um ministério pode ser resultado de um entendimento feito somente com uma liderança política individual, que controla ou exerce influência sobre outros parlamentares, mas que despreza as instâncias partidárias. Isso reforça a instabilidade na base de sustentação parlamentar da política governamental. Ao contrário do sistema parlamentarista, em que os partidos que compõem a maioria também têm responsabilidade política na preservação do governo, com uma coalizão vinculatória feita no período pós-eleitoral que reforça uma relação mais institucional entre o Executivo e o Parlamento; no presidencialismo os entendimentos partidários são realizados antes das eleições e demonstram grande dificuldade para se manterem intactos, pois os parlamentares não possuem nenhuma responsabilidade política na preservação do governo.

Diante da completa inexistência de mecanismos institucionais para o presidente da República lidar com uma maioria oposicionista no Congresso, fica muito claro que a combinação entre presidencialismo e sistema multipartidário fragmentado dificulta a formação de um governo democrático mais eficaz.[221] Nesse sentido, o sistema

---

[219] Cf. MAINWARING, Scott. Democracia presidencialista multipartidária: o caso do Brasil. In: *Lua Nova: revista de cultura e política*. São Paulo, n° 28 – 29, 1993.

[220] Certamente, a crise do mensalão, que ocorreu durante o governo do presidente Lula, e a escandalosa aprovação da Emenda Constitucional da reeleição, que ocorreu durante o governo do presidente Fernando Henrique Cardoso, podem ser compreendidas como parte de um sistema político-partidário que favorece relações espúrias entre os Poderes Executivo e Legislativo. Nos dois casos o governo buscou o apoio dos congressistas por meio do pagamento indevido de propina. Desse modo, quem mais saiu perdendo com a lamentável situação foi a própria democracia, que acabou reduzida a um simples balcão de negócios pelos donos do poder. A respeito dessa coalizão predominante nas relações entre o Executivo e o Legislativo, Luiz Werneck Vianna afirma que, "[...] essas alianças não são feitas para que uma determinada orientação seja posta em prática, ou um determinado programa se viabilize, mas apenas para garantir maioria parlamentar para o governante. [...] Certas reformas muito necessárias para que o país dê um avanço, um salto, esbarram nessa larguíssima coalizão, que atinge várias dimensões, desde a economia e a política até a sociedade. Os ventos cruzados que se estabelecem no interior da coalizão governamental fazem com que haja um comportamento paquidérmico do governo, que é obrigado a respeitar os limites dados por essa amplíssima base governamental, onde todos cabem e onde tudo cabe". VIANNA, Luiz Werneck. As alianças políticas, absolutamente necessárias e seus limites. In: *Revista do Instituto Humanitas Unisinos*. São Leopoldo – RS, n° 398, ano XII, 2012, p. 5-6.

[221] Cf. MAINWARING, Scott. Democracia presidencialista multipartidária: o caso do Brasil. In: *Lua Nova: revista de cultura e política*. São Paulo, n° 28 – 29, 1993.

presidencialista de governo, com as características elencadas acima, foi chamado por Sérgio Abranches de presidencialismo de coalizão. Na verdade, após realizar uma análise a respeito do problemático sistema partidário brasileiro – debatido na época pelos deputados constituintes – Abranches percebeu a gravidade dos problemas institucionais presentes nas grandes alianças governamentais, já que estas deveriam se apoiar numa grande diversidade de partidos políticos com posições ideológicas muito díspares. Por outro lado, o sistema político brasileiro já havia demonstrado sua abertura para o triunfo de candidaturas presidenciais baseadas muito mais no carisma pessoal do que em organizações partidárias. Assim, para implementar a agenda governamental, o presidente da República necessitaria de um amplo apoio suprapartidário nem sempre alcançado com o devido sucesso. Por esse motivo, Abranches descreveu o presidencialismo de coalizão da seguinte maneira:

> É um sistema caracterizado pela instabilidade, de alto risco e cuja sustentação baseia-se, quase exclusivamente, no desempenho corrente do governo e da sua disposição de respeitar estritamente os pontos ideológicos ou programáticos considerados inegociáveis, os quais nem sempre são explícita e coerentemente fixados na fase de formação da coalizão.[222]

Nesses termos, é possível afirmar que o presidencialismo de coalizão favorece a desordem institucional, no que diz respeito à organização dos Poderes, e impede a participação plural dos cidadãos por meio de outros canais políticos de participação. É um sistema de governo que tem como característica marcante o não rompimento com a cultura política personalista, autoritária e demagógica presente na história política brasileira. Em vez de assegurar a necessária abertura a participação do povo nas decisões políticas, conforme prevê o Estado Democrático de Direito, o sistema de governo centralizado no Executivo assegura uma ordem política excludente, que propicia experiências autocráticas de exercício do poder, sempre marcadas pela demagogia e pelo populismo de seus líderes.[223]

Em terceiro lugar, é importante considerar a postura atual do Congresso Nacional, não apenas na posição de vítima dos Poderes Executivo e Judiciário, que, muitas vezes, realmente investem contra sua esfera legítima de atuação, mas, também, enquanto violador do

---

[222] Cf. ABRANCHES, Sérgio Henrique Hudson de. Presidencialismo de coalizão: o dilema institucional brasileiro. In: *Dados*. Rio de Janeiro, v. 31, nº 1, 1988, p 12.

[223] Cf. CATTONI DE OLIVEIRA, Marcelo Andrade Cattoni de; ALVES, Adamo Dias. Considerações sobre a reforma política: uma análise da relação entre Legislativo e Executivo contra o presidencialismo de coalizão e o bonapartismo. In: *Revista do Instituto de Hermenêutica Jurídica*. Belo Horizonte, nº 9, 2011, p. 27.

pacto constitucional nos momentos em que desconsidera o procedimento legislativo. Um exemplo recente dessa situação foi a descoberta de 3.059 vetos presidenciais – muitos deles ainda da época do governo FHC – que aguardavam serem analisados num prazo completamente fora do que é determinado pela Constituição. Afinal, o Poder Legislativo está autorizado a desrespeitar a Constituição conforme o seu alvedrio? Segundo Rafael Tomaz de Oliveira, "um Congresso inconstitucional é uma contradição insolúvel no contexto de uma democracia constitucional. Tanto no âmbito da teoria quanto no âmbito da práxis". Nesse sentido, é possível afirmar que a dívida do Congresso Nacional com o Estado Democrático de Direito também é muito grande, sendo necessário que primeiramente as suas ações políticas se submetam à Constituição, para que depois possa reivindicar com autoridade sua necessária independência e autonomia em relação aos demais Poderes.[224]

Por último, para compreender essa intrincada relação institucional que prejudica a concretização do novo constitucionalismo, também é fundamental analisar o papel que o Poder Judiciário deve exercer na atual conjuntura constitucional, sendo este o ponto que o presente capítulo pretende abordar com maior afinco. Na verdade, o Constitucionalismo Contemporâneo colocou o Poder Judiciário num lugar de destaque, fazendo desaguar em seu ambiente diferentes questões relacionadas à defesa da autonomia do direito. Diversos temas foram judicializados pelo direito, que os afastou da esfera exclusiva dos partidos políticos, do Parlamento e do Poder Executivo e os levou para o âmbito do Poder Judiciário. Logicamente, sem essa importante atuação do Judiciário, o direito fica(ria) refém dos desmandos do Poder Executivo e das maiorias eventuais formadas no âmbito do Congresso Nacional. Contudo, para que o Poder Judiciário consiga cumprir bem o seu papel, é necessário que a atuação institucional dos juízes não confunda a esfera pública com a esfera privada, respeitando as limitações impostas pelo Estado Democrático de Direito.

Trabalhar nessa perspectiva requer a superação de um modo de dominação estamental que ainda continua muito presente nas instituições brasileiras. Quem exerce um cargo público não o pode fazer em causa própria, utilizando os Poderes da República como instrumentos domésticos. Dessa forma, o ativismo judicial deve ser compreendido como um desvio autoritário, que permite aos juízes todo o tipo de peripécia com o direito e com a coisa pública, prejudicando a

---

[224] Cf. TOMAZ DE OLIVEIRA, Rafael. *É grande a dívida do Congresso com a Constituição*. Disponível em: <http://www.conjur.com.br/2012-dez-29/diario-classe-grande-divida-congresso-constituicao>. Acessado em: 01.01.2013.

consolidação do regime democrático no contexto brasileiro. Uma coisa é o fenômeno da judicialização da política, que proporciona o deslocamento do polo de decisão de certas questões que tradicionalmente cabiam ao Executivo e ao Congresso Nacional para o âmbito do Poder Judiciário; outra coisa é a intervenção arbitrária por parte do Poder Judiciário em questões que estão completamente fora da sua esfera de atuação, permitindo aos juízes manifestarem-se por meio de decisões descomprometidas com a história institucional e com a integridade do direito.[225] Assim, o ativismo judicial, que ocorre no Brasil, aparece como um desdobramento do modo de dominação estamental, mostrando-se incapaz de distinguir a função pública de magistrado dos interesses e posições pessoais de quem a exerce.

Atacar este problema não é o mesmo que pretender reduzir o papel do Poder Judiciário no atual estágio do constitucionalismo, mas sim buscar a necessária submissão de todos os Poderes à autonomia que o direito conquistou na contemporaneidade. A supremacia constitucional também depende da democratização e da legitimação dos atos praticados pelo Judiciário. Desse modo, o presente capítulo vai abordar questões relacionadas com a atuação arbitrária dos juízes, destacando que o predomínio de uma relação estamental entre eles, que se manifesta por meio do ativismo judicial, acarreta uma postura autoritária incompatível com o Estado Democrático de Direito. Ao enfrentar este problema, a pesquisa não pretende resgatar as velhas fórmulas de controle político do Poder Judiciário feito pelos Poderes Executivo e Legislativo, o que, consequentemente, importaria na perda da autonomia da atividade jurisdicional, tão importante para a consolidação do regime democrático. Na verdade, o último capítulo pretende reforçar uma resposta hermenêutica apresentada por Lenio Streck, que se mostra, ao mesmo tempo, compatível com a autonomia do direito e com o papel predominante que o Poder Judiciário deve desempenhar no atual contexto do constitucionalismo brasileiro.

3.1. A política como predadora externa da autonomia do direito

A história política e jurídica do Brasil ficou marcada pela sobreposição de regimes autoritários ao direito, sendo permeada por momentos de rupturas abruptas com o constitucionalismo. Nesses períodos,

---

[225] Para uma aprofundada análise desses dois fenômenos e sua necessária diferenciação, ver: TASSINARI, Clarissa. *Jurisdição e Ativismo Judicial: limites da atuação do Judiciário*. Porto Alegre: Livraria do Advogado, 2012.

anteriores à Constituição de 1988, a política funcionou como predadora externa ao direito, ignorando completamente os mecanismos jurídicos de limitação do poder, por meio de uma postura pragmática pouco interessada na consolidação da democracia. Essa situação gerou uma vida atribulada ao constitucionalismo brasileiro e fez com que a sociedade sofresse uma modernização controlada e imposta de cima para baixo pelos *donos do poder*. Na verdade, a constante instrumentalização do direito tornou instável a persistência de uma ordem constitucional democrática, baseada na tripartição de Poderes. E isso marcou de forma indelével o imaginário e a história política do Brasil. Com raras exceções, no constitucionalismo pátrio, o que predominou foram as práticas autoritárias por parte do Poder Executivo, que desempenhou suas funções por meio da censura política, do desrespeito às prerrogativas do Parlamento e do Judiciário e da perseguição a seus opositores.

O modelo de modernização adotado pelo Brasil, após o fim da República Velha, esteve baseado numa forte centralização política aliada à formação de uma burocracia estatal. Segundo Bresser-Pereira, "quando se discute a relação Estado-sociedade, há a clássica questão da primazia. Em geral a sociedade, a nação, precede o Estado. Não foi esse o caso do Brasil".[226] Diante de uma sociedade civil desarticulada, as transformações acabaram ocorrendo sem uma maior participação dos cidadãos na vida política do país. O direito não possuía a necessária autonomia para impor limites às instituições políticas e garantir a permanência de governos democráticos. Desse modo, mesmo no *interregno* democrático de 1945 – 1964 o único presidente civil que conseguiu concluir seu mandato foi Juscelino Kubitschek, que, mesmo assim, ainda enfrentou duas tentativas de golpe de Estado e foi obrigado a contar com o apoio de setores das Forças Armadas para garantir sua posse.[227]

Os regimes autoritários, que vigoraram antes da promulgação da Constituição de 1988, suspenderam o espaço para o exercício das liberdades públicas por meio do fechamento do Poder Legislativo, da intervenção no Poder Judiciário e da suspensão das garantias constitucionais. O direito era instrumentalizado pelo poder político e, nessas condições, encontrava-se impossibilitado de impedir a realização de qualquer ato arbitrário. No lugar da supremacia constitucional vigora-

---

[226] Cf. BRESSER-PEREIRA, Luiz Carlos. Brasil, sociedade nacional-dependente. In: *Novos Estudos*. São Paulo: Cebrap, nº 93, 2012, p. 105.

[227] Cf. PAIXÃO, Cristiano. Direito, política, autoritarismo e democracia no Brasil: da Revolução de 30 à promulgação da Constituição da República de 1988. In: *Revista Iberoamericana de Filosofia, Política y Humanidades*. Buenos Aires, año 13, nº 26, 2011, p. 154.

va o uso da força e do amordaçamento das instituições democráticas. Ao mesmo tempo, o passado colonial e o sistema político e econômico de feição patrimonialista, do qual o Brasil ainda não se livrou totalmente, ajudava a perpetuar a situação. De acordo com Cristiano Paixão, "não há, nesse contexto, uma Constituição propriamente dita, mas antes um arsenal de atos que, sob várias denominações, constituem traduções da violência que embasa o regime de dominação".[228]

O Estado brasileiro, formado nessas condições, não se deixou moldar pela sociedade, mas, pelo contrário, colocou-se como principal articulador dos interesses e das formas de organização social. Enquanto na Europa as estruturas de poder evoluíram primeiramente para o sistema liberal-representativo, para depois se transformarem numa democracia de massas; aqui os mecanismos autoritários de exercício do poder permaneceram inalterados durante muito tempo, utilizando-se de adaptações das instituições modernas para impedir sua própria transformação estrutural. É nesse sentido que a estrutura de poder do Estado brasileiro não se constituiu como instrumento da burguesia, mas sim como um setor organizado burocraticamente e com forte atuação regulatória.[229] O advento do que deveria ter sido o Estado representativo na verdade ocorreu enlaçado no modelo de dominação estamental.

De certa forma, a redemocratização interrompeu esta tradição autoritária que havia perdurado por tanto tempo no Brasil, garantindo o nascimento de um novo constitucionalismo, não mais baseado na subserviência do direito ao poder político, mas sim na sua autonomia como condição de possibilidade para a concretização do Estado Democrático de Direito. Neste novo paradigma, o direito não pode(ria) ser compreendido como mero caudatário do poder ou, ainda, como uma mera técnica a serviço do Estado, pois a institucionalização da democracia é inconcebível sem uma contínua reafirmação do direito como limitador do poder político. Dessa forma, após os fracassos que o constitucionalismo alcançou nos regimes políticos autoritários, o direito deve ser pensado num movimento de crescente autonomização, que seja ao mesmo tempo respeitado e protegido pela atuação institucional do Poder Judiciário.

Nesse sentido, após todos esses percalços enfrentados pelo constitucionalismo brasileiro, para limitar a atuação do poder político, não

---

[228] Cf. PAIXÃO, Cristiano. Direito, política, autoritarismo e democracia no Brasil: da Revolução de 30 à promulgação da Constituição da República de 1988. In: *Revista Iberoamericana de Filosofia, Política y Humanidades*. Buenos Aires, año 13, n° 26, 2011, p. 159.

[229] Cf. SCHWARTZMAN, Simon. *Bases do autoritarismo brasileiro*. Rio de Janeiro: Campus, 1982.

Constituição e Poder
LIMITES DA POLÍTICA NO ESTADO DE DIREITO

faria sentido que o Judiciário se apropriasse da discricionariedade para tomar suas decisões, submetendo o direito a vontade de seus magistrados. Isso seria um grave retrocesso para o constitucionalismo, que, desde seus primórdios, busca enfrentar o problemático exercício arbitrário do poder. Não se faz democracia sem que a autonomia do direito seja resguardada. Além disso, o Estado Democrático de Direito é totalmente incompatível com atitudes pragmatistas por parte do Judiciário. Assim, tratar o decisionismo judicial como um fenômeno natural da contemporaneidade é o mesmo que aceitar o caráter predatório da política com relação ao direito.

Isso não quer dizer que a concretização das conquistas constitucionais, por meio de uma maior atuação do Poder Judiciário, pode enfraquecer a cidadania e colocar em risco a própria democracia. Ao contrário, a autonomia do direito necessita da atuação da jurisdição constitucional para não ser sucumbida tanto pelo autoritarismo de um governante, como também pelas arbitrariedades praticadas pelas maiorias eventuais. Ao mesmo tempo, a força normativa da nova Constituição, a inércia na execução de políticas públicas e a deficiente regulamentação legislativa dos novos direitos acabam transferindo ao Judiciário um papel institucional mais proeminente frente aos demais Poderes. No entanto, todos esses novos elementos não permitem que o juiz tome decisões em qualquer direção. Conforme Lenio Streck,

> Não se pode confundir, portanto, a adequada/necessária intervenção da *jurisdição constitucional* com a possibilidade de decisionismos por parte de juízes e tribunais. Seria antidemocrático. Com efeito, *defender um certo grau de dirigismo constitucional e um nível determinado de exigência de intervenção da justiça constitucional não pode significar que os tribunais se assenhorem da Constituição.*[230]

Desse modo, é possível observar que o problema do decisionismo não ocorre quando o Poder Judiciário legitimamente interfere na esfera pública para garantir a efetividade de direitos previstos na Constituição. Neste caso o Judiciário cumpre uma tarefa institucional que está inserida num modelo de Estado ordenador, promovedor e que assumiu a função de transformar as estruturas sociais. Ao contrário, os desvios judiciais ocorrem nos momentos em que os juízes impõem suas vontades contra a própria Constituição, permitindo que mais uma vez a política se sobreponha ao direito. E o voluntarismo judicial deve se compreendido aqui como sinônimo de arbitrariedade, pois se constitui como uma permissão para que mais uma vez a política venha a funcionar como predadora do direito, com o diferencial de que no passado isso ocorria com maior intensidade pelas mãos dos

---

[230] Cf. STRECK, Lenio Luiz. *Verdade e Consenso.* 4ª ed., São Paulo: Saraiva, 2011, p. 192.

governos autoritários e hodiernamente ela pode ocorrer por meio da discricionariedade judicial.

Esta situação se apoia muitas vezes em posturas pragmatistas como a da Análise Econômica do Direito, que fragilizam sobremodo o direito por meio de discursos políticos com pretensões corretivas, contrariando a blindagem erguida pelo Constitucionalismo Contemporâneo em defesa da autonomia do direito. Foi isso que ocorreu durante o auge do pensamento neoliberal, já que a Análise Econômica do Direito está inserida nesse ambiente de subordinação do direito a crença na capacidade autorregulatória do mercado. Nessa perspectiva o direito foi transformado num mero instrumento político, "[...] submetido a uma racionalidade diversa, manifestamente 'pragmática' de 'custos e benefícios' (*pragmatic turn*), capaz de refundar os alicerces do pensamento jurídico, não sem ranhuras democráticas".[231] Assim, o que ocorre é uma rearticulação interna do direito que favorece a intervenção da política econômica definida pelo ideário neoliberal.

Na verdade, a Análise Econômica do Direito se baseia numa escola do pensamento político e econômico que nasceu logo depois da Segunda Guerra Mundial, como contraponto teórico ao Estado intervencionista e de bem-estar social previsto pelo novo constitucionalismo. O objetivo desta escola era combater o keynesianismo e preparar as novas bases para um outro tipo de capitalismo, livre de qualquer intervencionismo estatal.[232] Seu discurso, sustentado por autores como Friedrich Hayek e Milton Friedman, afirma(va) que o Estado de bem-estar social era responsável pela destruição da liberdade das pessoas e da vitalidade da concorrência. Dessa forma, suas propostas ganharam força a partir de 1973, quando os países capitalistas mais avançados entraram numa longa e profunda recessão, tendo como seus principais laboratórios a Inglaterra, de Margaret Thatcher, e os Estados Unidos, de Ronald Reagan, embora o Chile, comandado por

---

[231] Cf. ROSA, Alexandre Morais da; LINHARES, José Manuel Aroso. *Diálogos com a Law & Economics*. Rio de Janeiro: Lumen Juris, 2009, p. 55.

[232] Cf. LIMA, Martonio Mont'Alverne Barreto Lima. Idealismo e efetivação constitucional: a impossibilidade da realização da Constituição sem a política. In: COUTINHO, Jacinto Nelson de Miranda; ———. *Diálogos Constitucionais: direito, neoliberalismo e desenvolvimento em países periféricos*. Rio de Janeiro: Renovar, v. 1, 2006, p. 383. Em sentido oposto a essa corrente Martonio afirma que, "é preciso não esquecer que o repensar do papel do Estado deve favorecê-lo, notadamente nas sociedades periféricas. Teses que concebem o Estado distinto da sociedade, ignorando os laços recíprocos entre um e outra, representam muito mais um realismo cínico do que mesmo uma sustentação teórica. Não há como se imaginar, nos dias atuais da realidade brasileira, que os conglomerados internacionais – e não o Estado – exercerão papel fundamental na eventual redução das desigualdades ou poderão realizar a tarefa de distribuir riquezas em favor de nossos contingentes sociais pobres".

Constituição e Poder
LIMITES DA POLÍTICA NO ESTADO DE DIREITO

Augusto Pinochet, tenha servido como pioneiro do ciclo neoliberal na história contemporânea.[233]

No Brasil, a incorporação do ideário neoliberal ocorreu com maior força a partir da década de 1990, durante o governo do presidente Fernando Collor e nos dois mandatos do governo do presidente Fernando Henrique Cardoso. A crise do Estado brasileiro, acompanhada da globalização e da hegemonia neoliberal, levou as elites nacionais a aceitarem como um dogma a substituição do Estado-nação pela mão invisível do mercado. Esse novo concerto político dominante foi denominado por Bresser-Pereira como Pacto Liberal-Dependente, que passou a adotar as reformas econômicas e as políticas macroeconômicas ordenadas pelo Consenso de Washington,[234] contrariando a opção feita pelo novo constitucionalismo brasileiro a favor de um Estado capaz de realizar as promessas da modernidade. Assim, em vez de um Estado comprometido com as transformações políticas e sociais previstas pelo novo constitucionalismo, restou um Estado envolvido no capitalismo de laços, que financia as grandes atividades econômicas por meio do auxílio do BNDES.[235]

A proposta teórica da Análise Econômica do Direito está inserida nesse contexto e, por isso, busca transformar o constitucionalismo em algo muito mais palatável aos interesses do mercado. O direito perde a sua autonomia e é submetido a uma posição política, que permite ao Poder Judiciário deslocar o fundamento de validade de sua decisão do jurídico para o critério econômico. Na verdade, a utilização desse pressuposto pragmatista se vincula exclusivamente ao mercado e acaba desprezando o modelo do Estado Democrático de Direito, que está baseado na autonomia do direito. Segundo Alexandre Morais da Rosa, "[...] o direito é integrado à 'ordem espontânea' e as decisões judiciais não podem se desgarrar das decisões que o mercado tomaria se não houvesse a intervenção judicial".[236] Desse modo, a decisão judicial é balizada por limites econômicos que não são ditos abertamente, mas sempre impostos de maneira antidemocrática.

Esse mesmo pragmatismo judicial, presente na Análise Econômica do Direito, também pode ser observado em setores do pensa-

---

[233] Cf. ANDERSON, Perry. Balanço do neoliberalismo. In: GENTILI, Pablo; SADER, Emir. *Pós-neoliberalismo: as políticas sociais e o Estado democrático*. Rio de Janeiro: Paz e Terra, 1995.

[234] Cf. BRESSER-PEREIRA, Luiz Carlos. Brasil, sociedade nacional-dependente. In: *Novos Estudos*. São Paulo: Cebrap, nº 93, 2012, p. 115.

[235] Cf. LAZZARINI, Sérgio Giovanetti. *Capitalismo de Laços: os donos do Brasil e suas conexões*. Rio de Janeiro: Elsevier, 2011.

[236] Cf. ROSA, Alexandre Morais da; LINHARES, José Manuel Aroso. *Diálogos com a Law & Economics*. Rio de Janeiro: Lumen Juris, 2009, p. 78.

mento jurídico crítico ligados ao Direito Alternativo. Certamente, a proposta alternativista está relacionada a opções político-ideológicas diametralmente opostas à Análise Econômica do Direito e, por isso, busca a elaboração de uma teoria jurídica alinhada à luta dos movimentos sociais.[237] Seu olhar crítico, em relação ao direito, de certa forma se aproxima da tradição do pensamento marxista, ao observar as instituições políticas como mecanismos de dominação da classe que detém o poder econômico. O grande problema é que, como forma de resistência a dominação de uma classe privilegiada, os alternativistas também acabam instrumentalizando o uso do direito.[238]

Na verdade, o pensamento marxiano, do qual muitos alternativistas se aproximam, não elaborou uma teoria do Estado e do direito.[239] Contudo, quando estas duas instituições da modernidade apareceram na obra de Marx, sempre foram analisadas de maneira negativa, como instrumentos que a classe dominante utilizava para reprimir os espoliados de seu tempo. Herdeiro do iluminismo e da história da filosofia, Marx tentou realizar uma análise cientifica da sociedade capitalista, que previa, a partir de uma ideia positiva de progresso, a evolução para uma sociedade superior onde o Estado e o direito estariam ausentes. Logicamente, este posicionamento não esteve totalmente equivocado na segunda metade do século XIX, pois apresentou um referencial teórico bem interessante para a compreensão do sistema capitalista. Numa época onde as Constituições da Europa Continental não possuíam nenhuma normatividade, o direito acabava submetido à *volonté générale* manifestada pelo Parlamento, que neste caso representava somente o interesse burguês.

---

[237] Cf. WOLKMER, Antonio Carlos. *Ideologia, Estado e Direito.* 4ª ed., São Paulo: Revista dos Tribunais, 2003, p. 187. Segundo Wolkmer, "[...] pode-se categorizar que ao juiz compete a função política de transformar os parâmetros tradicionais da instância dogmática e formalista do direito. Esta contribuição é por demais incisiva, tanto na prática judicial alternativa em benefício dos setores sociais menos favorecidos, quanto na apreciação real das necessidades fundamentais da vida social e na realização dos fins libertários do direito; pois, este, enquanto fenômeno universal, deve ser a 'afirmação possível da libertação conscientizada' e não instrumento de controle e repressão de um bloco de poder hegemônico".

[238] Cf. NEVES, Marcelo. *Entre Têmis e Leviatã: uma relação difícil.* 2ª ed., São Paulo: Martins Fontes, 2008, p. 256. De acordo com Marcelo Neves, "no Brasil, não se trata primariamente do problema de esferas jurídicas alternativas em relação à legalidade estatal, mas sim da ausência ou fragilidade desta. As próprias fronteiras do campo jurídico são indefinidas. A questão diz respeito à falta de identidade/autonomia da(s) esfera(s) de juridicidade. [...] A situação é bem mais grave do que se pode inferir de conceitos como 'direito alternativo', 'uso alternativo do direito' (que implica uma visão instrumental do direito) e 'pluralismo jurídico', os quais, no contexto da relação entre direito, Estado e sociedade no Brasil, transformam-se frequentemente em meros *slogans*. Nessas circunstâncias, a cultura dominante é a da ilegalidade. Por conseguinte, em vez de alternativa à legalidade, cabe antes falar da legalidade como alternativa".

[239] Cf. MORRISON, Wayne. *Filosofia do Direito: dos gregos ao pós-modernismo.* São Paulo: Martins Fontes, 2006, p. 295.

No entanto, muita coisa aconteceu desde aquele tempo. Em concordância com Ernildo Stein, em *Órfãos de Utopia*, podemos afirmar que o projeto político marxiano fracassou.[240] O Estado criticado por Marx já não é o mesmo Estado de Direito do século XIX, e o direito apresentado pelo Constitucionalismo Contemporâneo também não pode continuar sendo visto como um mero instrumento político. No atual estágio do constitucionalismo, o direito é fundamental para a construção da democracia e, portanto, necessita de autonomia para limitar qualquer tipo de arbitrariedade manifestada pelos três Poderes. A legalidade atual não é mais a legalidade burguesa, do tempo da codificação, mas uma legalidade que deve se basear na supremacia constitucional, oferecendo condições muito melhores para a institucionalização da democracia.

Dessa forma, mesmo com posições ideologicamente opostas, o pragmatismo presente na Análise Econômica do Direito e no Direito Alternativo acaba reforçando a instrumentalização do direito aos seus respectivos objetivos políticos. Isso obviamente prejudica a autonomia que o direito conquistou no Constitucionalismo Contemporâneo. O direito não pode ser manipulado tão facilmente num Estado Democrático de Direito. No passado, o enfrentamento contra as arbitrariedades presentes no Executivo e no Parlamento exigiu que o direito se sobrepusesse ao poder político para garantir a supremacia constitucional. Atualmente, quando se analisa os limites da atuação do Poder Judiciário se faz necessário demonstrar que qualquer forma de instrumentalização do direito – seja a mais "progressista" ou a mais "conservadora" – também é uma maneira autoritária da política se sobrepor ao direito como sua predadora externa, prejudicando a institucionalização do regime democrático.

3.2. O predomínio de uma postura estamental no Poder Judiciário

Um elemento fundamental para se entender a separação entre o público e o privado pode ser encontrado num conceito de teologia política, formulado no século XV.[241] De acordo com uma doutrina muito difundida na Inglaterra, durante esse período, o monarca era consti-

---

[240] Cf. STEIN, Ernildo. *Órfãos de utopia: a melancolia da esquerda.* 2ª ed., Porto Alegre: Editora da Universidade/UFRGS, 1996.

[241] Para uma análise da formação das instituições jurídicas modernas a partir da teologia política, ver: BERMAN, Harold. *Direito e revolução: a formação da tradição jurídica ocidental.* São Leopoldo: Editora Unisinos, 2006.

tuído por dois corpos: um natural e outro político. O primeiro corpo estava sujeito às enfermidades, aos problemas ocasionados pela velhice e a todas as deformidades que ocorriam com os corpos naturais das demais pessoas; já o segundo corpo era perfeito, incorruptível e nunca podia ser tocado ou ter seus atos invalidados devido a alguma incapacidade presente no corpo natural. Constituíam uma unidade indivisível capaz de afastar todas as imperfeições encontradas no corpo natural, sendo este sempre inferior ao corpo político. Nesse sentido, a teoria dos dois corpos do rei propugnava que a instituição política deveria se colocar acima da pessoa física do monarca.[242]

Muitos séculos depois, esta teoria pode ser utilizada como uma boa metáfora para se explicar a necessária separação entre o cargo público de magistrado e a esfera privada de quem o exerce. Na metáfora dos dois corpos do rei, incorporada neste trabalho, a decisão judicial não pode ser sinônimo de escolha, pois a função pública nunca pode ser encarada como uma extensão da esfera doméstica. Para os juízes, as escolhas devem ocorrer apenas no âmbito das relações privadas, a partir das concepções de mundo de cada um.[243] Já com relação ao exercício da magistratura, as coisas devem ser vistas por outro ângulo, pois a decisão judicial é sempre o exercício de uma função pública. Para um regime democrático, não interessa o posicionamento político--ideológico de um juiz, pois a sua atuação no âmbito do Poder Judiciário nunca poderá ser constituída como reflexo de suas preferências pessoais. A atuação no Poder Judiciário é superior à esfera privada do juiz. Esse é o compromisso que todo magistrado deve assumir numa república democrática.

Contudo, numa sociedade como a que existe no Brasil, onde vários aspectos da dominação estamental ainda permanecem vivos, a distinção entre a esfera pública e a esfera privada ganha contornos um tanto quanto confusos. Constantemente, juízes de todas as instâncias

---

[242] Cf. KANTAROWICS, Ernst H. *Os dois corpos do rei: um estudo sobre teologia política medieval.* São Paulo: Companhia das Letras, 1998.

[243] Cf. STRECK, Lenio Luiz; TOMAZ DE OLIVEIRA, Rafael. *O que é isto – as garantias processuais penais?* Porto Alegre: Livraria do Advogado, 2012, p. 15 – 16. De acordo com Streck e Tomaz de Oliveira, "[...] a decisão – no nosso caso, a decisão jurídica – não pode ser entendida como um ato em que o juiz, diante de várias possibilidades possíveis para a solução de um caso concreto, escolhe aquela que lhe parece mais adequada. Com efeito, *decidir* não é sinônimo de *escolher*. Antes disso, há um contexto originário que impõe uma diferença quando nos colocamos diante destes dois fenômenos. A *escolha*, ou a eleição de algo, é um ato de opção que se desenvolve sempre que estamos diante de duas ou mais possibilidades, *sem que isso comprometa algo maior do que o simples ato presentificado em uma dada circunstância.* Há no direito uma palavra técnica para se referir à escolha: discricionariedade. Portanto, quando se diz que o juiz possui poder discricionário para resolver os 'casos difíceis', o que se afirma é que, diante de várias possibilidades de solução do caso, o juiz pode escolher aquela que melhor lhe convier".

Constituição e Poder
LIMITES DA POLÍTICA NO ESTADO DE DIREITO

proferem decisões autoritárias que fragilizam a autonomia do direito e a supremacia constitucional, confirmando a tese de que no Poder Judiciário a dominação estamental se faz presente principalmente nos momentos em que o ativismo judicial se manifesta. Esta situação pode ser analisada nos votos prolatados pelos ministros do órgão de cúpula do Poder Judiciário, o Supremo Tribunal Federal, no recente caso da lei da ficha limpa.

Na verdade, entre os anos de 2009 e 2010, a corrupção, que sempre esteve muito presente no cenário político nacional, fez com que diversos segmentos da sociedade brasileira passassem a se mobilizar por medidas que afastassem os "maus" políticos da Administração Pública e do Poder Legislativo. Essas movimentações da "opinião pública" passaram a defender modificações na legislação eleitoral, com o intuito de restringir as candidaturas de pessoas que possuíssem algum tipo de condenação judicial, ou seja, impedir que políticos "ficha suja" fossem reconduzidos aos cargos públicos conforme a vontade do eleitor. Essa "boa" intenção de corrigir o processo político brasileiro, por meio da anulação da vontade do eleitor e da suspensão da presunção da inocência, foi transformada logo depois em projeto de lei complementar por iniciativa popular e acabou aprovado pelo Congresso Nacional em 2010.

O problema se agravou no momento seguinte, quando o Poder da República, com a tarefa institucional de zelar pela defesa da supremacia constitucional, foi convidado a analisar o caso. Após a aprovação da Lei Complementar nº 135/2010 – mais conhecida como lei da ficha limpa – o Supremo Tribunal Federal foi provocado, em sede de controle concentrado, para que julgasse a constitucionalidade da mesma. Em vez de sustentar a autonomia do direito frente ao moralismo circunstancial que buscava corrigir o processo político, a maioria dos ministros do STF decidiu pela constitucionalidade da lei, suspendendo a presunção da inocência de candidatos que tivessem contra si condenações determinadas por órgão judicial colegiado.[244]

De acordo com Bolzan de Morais, os direitos fundamentais são "valores intrínsecos a uma ordem constitucional comprometida com valores humanitários e que, portanto, a sua carga eficacial não pode

---

[244] Para uma crítica hermenêutica desta decisão do STF, ver: TOMAZ DE OLIVEIRA, Rafael. O constitucionalismo garantista e a leitura moral da Constituição: quais são as "condições de possibilidade" dos juízos substanciais (materiais) de controle de constitucionalidade? In: FERRAJOLI, Luigi; STRECK, Lenio Luiz; TRINDADE, André Karam. *Garantismo, hermenêutica e (neo)constitucionalismo: um debate com Luigi Ferrajoli.* Porto Alegre: Livraria do Advogado, 2012.

ser objeto de tergiversação [...]".[245] Contudo, baseados na necessidade de moralizar o processo político e na superioridade do interesse coletivo sobre o individual, a maioria dos ministros escolheu restringir a presunção da inocência para os casos de inelegibilidade. Em seu voto, o ministro-relator Luiz Fux chegou a afirmar que num momento de crise do sistema representativo a presunção de inocência não poderia configurar óbice à validade da lei. Seguindo o mesmo pensamento, a ministra Cármen Lúcia sustentou que a presunção de inocência valia apenas para a esfera penal, e que o caso em julgamento estava em sede de direito eleitoral. Também na mesma linha o ministro Ricardo Lewandowski afirmou que o princípio da presunção da inocência não poderia ser interpretado de forma ampla, para toda e qualquer situação restritiva de direito e decorrente de ato jurisdicional. Já a ministra Rosa Weber destacou que no campo das inelegibilidades deveria prevalecer a proteção do interesse público e da coletividade antes do interesse individual e privado. E assim também foram os votos dos ministros Joaquim Barbosa, Ayres Britto e Marco Aurélio. Contra o direito fundamental à presunção de inocência, acabaram prevalecendo os argumentos de política prolatados pelos ministros.[246]

Como foi analisado acima, a discricionariedade presente nesta manifestação do STF demonstra uma certa resistência estamental a todas as transformações pelas quais o direito passou nas últimas décadas.[247] Em todas elas os ministros se manifestaram como se as situações pertencessem a sua esfera privada de atuação. Decidiram como se fossem negócios seus, livres de qualquer controle constitucional, fazendo prevalecer posições irracionais que tentavam se esconder por trás de "técnicas racionais". É por esse motivo que o ativismo judicial

---

[245] Cf. BOLZAN DE MORAIS, Jose Luis. *As crises do Estado e da Constituição e a Transformação espacial dos Direitos humanos.* Porto Alegre: Livraria do Advogado, 2011, p. 81.

[246] Disponível em: <http://www.stf.jus.br/portal/cms/verNoticiaDetalhe.asp?idConteudo= 200495>. Acessado em: 04/02/2013. Para uma análise crítica da ausência de coerência em outras decisões prolatadas pelo STF, ver: ABBOUD, Georges. Crítica à jurisprudência do STF em matéria de controle de constitucionalidade. In: *Revista dos Tribunais*, v. 215, 2012.

[247] Cf. FAORO, Raymundo. *Os donos do poder: formação do patronato político brasileiro.* 4ª ed., São Paulo: Globo, 2008, p. 834. A respeito desse tipo de domínio, presente em toda estrutura burocrática do Estado brasileiro, Faoro afirma que: "Na peculiaridade histórica brasileira, todavia, a camada dirigente atua em nome próprio, servida dos instrumentos políticos derivados de sua posse do aparelhamento estatal. Ao receber o impacto de novas forças sociais, a categoria estamental as amacia, domestica, embotando-lhes a agressividade transformadora, para incorporá-las a valores próprios, muitas vezes mediante a adoção de uma ideologia diversa, se compatível com o esquema de domínio. As respostas às exigências assumem caráter transacional, de compromisso, até que o eventual antagonismo se dilua, perdendo a cor própria e viva, numa mistura de tintas que apaga os tons ardentes". Certamente, essa situação ajuda a compreender as dificuldades institucionais do Poder Judiciário para cumprir com o papel que lhe foi conferido pelo Constitucionalismo Contemporâneo.

Constituição e Poder
LIMITES DA POLÍTICA NO ESTADO DE DIREITO

deve ser visto como uma manifestação estamental dos juízes, capaz de dificultar a transformação do Poder Judiciário em servidor da República e no principal responsável pela defesa da autonomia do direito na contemporaneidade.

O desvio praticado pelos magistrados ativistas ajuda a esvaziar o princípio republicano de qualquer sentido prático. Um juiz não é dono de seu cargo, mas mero portador de uma função pública, que, em nenhum momento, pode ser confundida com um objeto de dominação individual. Nesse sentido, Fábio Konder Comparato afirma que "a essência do regime político republicano encontra-se, pois, na distinção entre o interesse próprio de cada um em particular e o bem comum de todos, com a exigência de que este se sobreponha sempre àquele".[248] O contrário desta afirmação é sempre uma manifestação arbitrária do poder, fazendo com que tudo dependa da vontade autoritária daqueles que instrumentalizam o cargo público para o seu próprio benefício. Por isso, no Estado Democrático de Direito, a atuação das instituições devem ser pautadas sempre pelo princípio republicano, impedindo que qualquer agente público pertencente ao Executivo, ao Legislativo e ao Judiciário possa se sobrepor ao direito.

No Constitucionalismo Contemporâneo, deve predominar a autoridade racional-legal, conforme os três tipos de dominação analisados por Max Weber. Ao contrário da dominação estamental, a autoridade racional-legal insiste na separação, tanto física como jurídica, das esferas pública e privada. E isso deve ser visível na organização moderna do serviço público, ao separar da atividade oficial do domicílio particular do funcionário. No domínio racional-legal, a base de legitimidade de qualquer autoridade está inserida em um sistema coerente de regras abstratas. Segundo Anthony Kronman, "todas as formas de autoridade racional-legal se baseiam em um apelo a normas que foram promulgadas deliberadamente e cuja força vinculante é tida como resultante do próprio fato da sua promulgação de acordo com alguma prática ou procedimento previamente acordado".[249] Dessa maneira, o que deve predominar no âmbito de qualquer repartição pública – incluindo o Poder Judiciário – é sempre a impessoalidade e a igualdade formal de tratamento, fazendo com que tanto aqueles que proferem ordens como os que as cumprem estejam subordinados à supremacia constitucional.[250]

---

[248] Cf. COMPARATO, Fábio Konder. Redescobrindo o espírito republicano. In: *Revista da AJURIS*. Porto Alegre, 2005, p. 101.

[249] Cf. KRONMAN, Anthony. *Max Weber*. Rio de Janeiro: Elsevier, 2009, p. 80.

[250] Idem, p. 69 – 72.

No entanto, o predomínio de relações estamentais no Poder Judiciário ajuda a subverter a ordem republicana, fazendo com que os interesses privados de uma elite política que comanda o país se sobreponham ao próprio direito.[251] Essa situação pode ser observada principalmente naquilo que Lenio Streck chamou de criminalização da pobreza. Na verdade, em pleno Estado Democrático de Direito, o Poder Judiciário tem colaborado para fortalecer um paradigma liberal-individual-patrimonialista do direito penal, que, em concordância com Streck, serve apenas para a proteção do patrimônio, da propriedade e de seus proprietários. Ao mesmo tempo, os crimes praticados pela elite política e econômica, que são responsáveis por erguerem verdadeiros entraves à concretização do projeto constitucional, como é o caso da sonegação de tributos e da lavagem de dinheiro, acabam quase sempre passando despercebidos pelo Poder Judiciário.[252] Isso é mais uma demonstração de como os interesses privados, de um setor minoritário da sociedade brasileira, acabam se sobrepondo à república.

A permanência de todos esses problemas prejudica a institucionalização do regime democrático no Brasil, principalmente porque, atualmente, o Poder Judiciário ocupa um papel de maior predominância institucional frente à atuação dos demais Poderes, devendo zelar com maior afinco pela supremacia constitucional. Em um período recente da história do Brasil, anterior à promulgação da Constituição de 1988, o Poder Judiciário tinha uma atuação discreta no cenário político nacional. O regime burocrático-militar de 1964 e todas as demais ditaduras que haviam lhe antecedido impediam que a sua atuação institucional garantisse a defesa da autonomia do direito. Com a redemocratização, o direito assumiu novas tarefas, transferindo ao Poder Judiciário a primazia na defesa e concretização do novo constitucionalismo. No entanto, num Poder Judiciário em que as relações estamen-

---

[251] Cf. O'DONNELL, Guillermo. Poliarquias e a (in)efetividade da lei na América Latina. In: *Novos Estudos*. São Paulo: Cebrap, nº 51, 1998, p. 41. Para Guillermo O'Donnell um Estado de Direito pode ser definido da seguinte maneira, "[...] seu significado mínimo (e historicamente original) é que, qualquer que seja a legislação existente, ela é aplicada de forma justa pelas instituições estatais pertinentes, incluído, mas não exclusivamente, o Judiciário. O que entendo por "de forma justa" é o exercício de que a aplicação administrativa ou a decisão judicial de normas legais sejam coerentes em casos equivalentes, independentemente de diferenças de classe, condição social ou poder dos participantes nesses processos, adotando procedimentos que são preestabelecidos e conhecíveis por todos".

[252] Cf. STRECK, Lenio Luiz. Crime e sociedade estamental no Brasil. In: *Cadernos IHU Ideias*. São Leopoldo: Instituto Humanitas Unisinos, ano 10, nº 178, 2012. Nesse sentido Streck afirma que, "[...] se, de um lado, existe a legislação que inadequadamente deixa de *hierarquizar* os bens jurídicos a serem protegidos pelo direito penal, de outro, há o Judiciário e o Ministério Público que reproduzem essa crise paradigmática".

tais ainda são predominantes, existem grandes dificuldades para que a autonomia do direito seja resguardada.

De acordo com Marcelo Neves, "[...] a experiência brasileira marca-se por formas de instrumentalização política, econômica e relacional de mecanismos jurídicos, apontando no sentido inverso à indisponibilidade do direito".[253] Dessa forma, para limitar o poder e impedir que este seja exercido de forma completamente arbitrária, o direito necessita de autonomia frente à economia, à moral e à política. Foi para oferecer maior proteção ao direito que o Poder Judiciário assumiu um papel mais relevante nas relações interinstitucionais estabelecidas pelo Constitucionalismo Contemporâneo. Entretanto, se o exercício da magistratura se transforma em um mero instrumento nas mãos de quem exerce a função pública de julgar, mais uma vez o direito é fragilizado por elementos externos que ajudam a sacrificar a democracia. E isso é uma situação grave, pois reforça a violação e a ineficácia das conquistas constitucionais em países que saíram de regimes autoritários, como é o caso do Brasil.

A institucionalização do regime democrático não pode depender da aplicação discricionária do sistema legal, que ora serve para proteger um setor minoritário e, logo depois, é completamente esquecido para o restante da comunidade. Um dos maiores obstáculos à concretização do Estado Democrático de Direito, segundo Marcelo Neves, é a generalização de relações de subintegração e sobreintegração. Trata-se da falta de direitos e deveres partilhados reciprocamente, onde no primeiro caso, as pessoas não possuem condições reais para fazer valer seus direitos fundamentais, mas, por outro lado, estão completamente incluídas nos deveres e responsabilidades impostos pelo aparelho coercitivo do Estado; já no segundo caso, os privilegiados são titulares de direitos, poderes e prerrogativas, mas, ao mesmo tempo, não se subordinam à atividade punitiva do Estado quando o assunto é deveres e responsabilidades. Na verdade, o caso do Brasil está enquadrado numa situação de modernidade periférica que impede o surgimento de uma esfera pública fundada na universalização da cidadania.[254] Nesse sentido, é difícil fugir à conclusão de que a atuação estamental do Poder Judiciário afeta profundamente o funcionamento de um Estado Democrático de Direito, já que para a ampla maioria da sociedade, o Poder Judiciário acaba aplicando a Constituição de maneira intermitente e diferenciada. De acordo com O'Donnell,

---

[253] Cf. NEVES, Marcelo. *Entre Têmis e Leviatã: uma relação difícil.* 2ª ed., São Paulo: Martins Fontes, 2008, p. 246.

[254] Idem, p. 244 – 250.

para [...] aqueles que não podem evitar essa face horrível do Estado, não é apenas a imensa dificuldade que eles enfrentam para obter, se tanto, o que nominalmente é seu direito; é também o modo indiferente, quando não desdenhoso, como eles são tratados, e a óbvia desigualdade acarretada pelo esquivamento privilegiado dessas provações.[255]

Por isso, além de limitar a atuação do poder político, a supremacia constitucional espera que o Poder Judiciário aplique a lei de maneira coerente e republicana, fazendo com que um argumento de princípio sempre se sobreponha aos posicionamentos privados de seus membros.[256] Lenio Streck e Tomaz de Oliveira afirmam que "toda e qualquer decisão jurídica só será correta [...], na medida em que dela seja possível extrair um princípio. Vale dizer, uma decisão judicial – hermeneuticamente correta – se sustenta em uma comunidade de princípios".[257] Os direitos e garantias fundamentais não podem ficar à mercê das tentações autoritárias persistentes no Poder Judiciário. Em um regime democrático, não existe nenhum momento em que a vontade de determinado agente público possa cancelar ou suspender a aplicação do direito. Todos os agentes públicos devem estar sujeitos aos controles estabelecidos constitucionalmente. Assim, a autonomia institucional, conferida ao Poder Judiciário, não pode ser confundida com privilégios setoriais que tornariam inquestionáveis seus próprios atos.

Logicamente, a permanência de uma postura estamental, por parte dos juízes, compromete a visão de que o Poder Judiciário possa funcionar como um importante depositário das expectativas de realização constitucional.[258] Na verdade, a imposição de uma representação

---

[255] Cf. O'DONNELL, Guillermo. Poliarquias e a (in)efetividade da lei na América Latina. In: *Novos Estudos*. São Paulo: Cebrap, n° 51, 1998, p. 45.

[256] Cf. DWORKIN, Ronald. *Levando os direitos a sério*. 2ª ed., São Paulo: Martins Fontes, 2007, p. 197. A respeito dessa questão Dworkin afirma que, "a teoria da decisão judicial de Hércules não configura, em momento algum, nenhuma escolha entre suas próprias convicções políticas e aquelas que ele considera como as convicções políticas do conjunto da comunidade. Ao contrário, sua teoria identifica uma concepção particular de moralidade comunitária como um fator decisivo para os problemas jurídicos; essa concepção sustenta que a moralidade comunitária é a moralidade política que as leis e as instituições da comunidade pressupõem".

[257] Cf. STRECK, Lenio Luiz; TOMAZ DE OLIVEIRA, Rafael Tomaz de . *O que é isto – as garantias processuais penais?* Porto Alegre: Livraria do Advogado, 2012, p. 11.

[258] Cf. LIMA, Martonio Mont'Alverne Barreto Lima. Democracia no Poder Judiciário. In: *Revista de Direito e Liberdade*. Natal, v. 1, n° 1, 2005, p. 258 – 259. De acordo com Martonio, "[...] a ausência de uma cultura democrática no Poder Judiciário se faz sentir no seu funcionamento, que envolve, em última análise, a simbologia que o próprio Poder tem de si mesmo, perante a sociedade. [...] Ora, os membros do Poder Judiciário se constituem num dos setores mais bem remunerados da burocracia brasileira, tais quais as carreiras jurídicas, em detrimento de outros profissionais que são igualmente importantes à prestação dos serviços por parte do Estado. Nessa mesma linha de análise, observa-se, ainda, a firme permanência de pontos inteiramente antirrepublicanos, como o nepotismo, que se manifesta em quase todas as cortes do Brasil e secretarias

Constituição e Poder
LIMITES DA POLÍTICA NO ESTADO DE DIREITO

subjetiva ou de uma consciência isolada sobre a moralidade instituída pela comunidade política abandona as conquistas constitucionais a livre apreciação do magistrado, reforçando a pessoalidade em um espaço onde deveria vigorar a impessoalidade e a intersubjetividade. Nos termos trabalhados por Lenio Streck, há um direito fundamental a uma resposta adequada à Constituição, que sempre deve se sobrepor às posições político-ideológicas do juiz, fazendo com que a decisão judicial esteja adequada ao sentido do direito projetado pela comunidade política.[259] E isso é fundamental para a limitação do poder político. Caso contrário, tanto os excessos inconstitucionais praticados pelos Poderes Executivo e Legislativo, como as decisões arbitrárias praticadas pelo Poder Judiciário podem levar a sociedade para um lugar do não direito, ou seja, para uma espécie de "Estado de exceção".[260]

As relações estamentais presentes no Judiciário impedem que o direito se sobreponha ao poder político e, consequentemente, acaba submetendo a Constituição ao mais puro voluntarismo. Sem a necessária limitação do poder político, a sociedade brasileira reproduz aquilo que Tereza Sales chamou de cidadania concedida, reforçando a cultura política do mando e da subserviência, em que as relações sociais funcionam da seguinte maneira: ou bem se manda ou bem se pede.[261] Essa situação ocorre principalmente quando o poder político se sobrepõe ao direito e passa a utilizar a Constituição somente nos momentos de conveniência. Nessas condições, os direitos fundamentais não são estendidos para todos os casos, mas somente àqueles em que são concedidos como verdadeiras dádivas pelos *donos do poder*. Desse modo, conforme Lenio Streck e Tomaz de Oliveira, é necessário questionar o motivo dos juízes ainda possuírem o livre convencimento após uma intensa luta pela democracia e pelos direitos fundamentais.[262] Afinal, a sociedade brasileira não enfrentou o autoritarismo presente nos regimes políticos anteriores à Constituição de 1988 para cair no mais puro voluntarismo judicial.[263]

---

judiciárias. [...] Para além de representar a comprovação da extensão do privado ao público, a existência acintosa do nepotismo, do apadrinhamento, denuncia que grande parte dos membros do Poder Judiciário não se sente incomodada com tal fato. Eis aqui presente o elemento que lhe comprova a distância dos pressupostos de uma cultura democrática".

[259] Cf. STRECK, Lenio Luiz. *Verdade e Consenso.* 4ª ed., São Paulo: Saraiva, 2011.

[260] Cf. AGAMBEN, Giorgio. *Estado de exceção.* São Paulo: Boitempo, 2004.

[261] Cf. SALES, Tereza. Raízes da desigualdade social na cultura política brasileira. In: *Revista Brasileira de Ciências Sociais.* São Paulo: ANPOCS, junho de 1994.

[262] Cf. STRECK, Lenio Luiz; TOMAZ DE OLIVEIRA; Rafael. *O que é isto – as garantias processuais penais?* Porto Alegre: Livraria do Advogado, 2012, p. 45.

[263] Cf. STRECK, Lenio Luiz. *O que é isto – decido conforme minha consciência?* Porto Alegre: Livraria do Advogado, 2012, p. 110. De acordo com Streck, "combater a discricionariedade, o ativismo,

Portanto, o fortalecimento institucional do Poder Judiciário visa a assegurar e a realizar as conquistas constitucionais, e não a uma transferência do poder arbitrário – que antes estava concentrado principalmente no Poder Executivo – para as mãos dos juízes. Em um regime democrático o magistrado faz escolhas apenas em sua vida privada; no âmbito do Poder Judiciário, suas decisões devem lançar argumentos de integridade e coerência que emanam da própria comunidade política, subordinando-se sempre à supremacia constitucional. Nesse sentido, para se pensar uma atuação do Poder Judiciário compatível com o Estado Democrático de Direito é necessário superar a postura estamental presente entre os magistrados, submetendo seus atos à supremacia constitucional. Conforme Lenio Streck, "o que deve ser entendido é que a realização/concretização desses textos [...] *não depende* – e não pode depender – de uma subjetividade assujeitadora [...], como se os sentidos a serem atribuídos fossem fruto da vontade do intérprete".[264] A decisão judicial não é um ato da esfera privada. Fosse o contrário verdadeiro todos estariam diante de uma espécie de mandonismo judicial, onde a legalidade constitucional e democrática, pela qual tantos cidadãos brasileiros lutaram nos períodos mais autoritários, estaria a livre disposição dos magistrados para ser suspendida a qualquer momento.

3.3. A democratização do Poder Judiciário por meio do controle hermenêutico: a teoria da decisão de Lenio Streck

Em todos os momentos históricos em que o direito esteve à disposição do poder político para ser suspendido ou aplicado, conforme a *vontade* de uma autoridade política, o constitucionalismo teve grande dificuldade para exercer sua supremacia. A Constituição perde sua força normativa quando a autonomia do direito não está completamente assegurada e acaba por se transformar numa mera folha de papel. Impor limites à atuação de todos os Poderes é condição de possibilidade para que o constitucionalismo consiga institucionalizar um regime democrático. Nesse sentido, a preocupação que o jusfilósofo Lenio Streck tem demonstrado com as arbitrariedades judiciais é,

---

o positivismo fático, etc. – que, como se sabe, são algumas das várias faces do subjetivismo – quer dizer compromisso com a Constituição e com a legislação democraticamente construída, no interior da qual há uma discussão, no plano da esfera pública, das questões ético-morais da sociedade".

[264] Cf. STRECK, Lenio Luiz. *O que é isto – decido conforme minha consciência?* Porto Alegre: Livraria do Advogado, 2010, p. 87.

antes de tudo, uma preocupação com a realização do próprio Estado Democrático de Direito. Ciente da importância que a atuação do Poder Judiciário tem para o Constitucionalismo Contemporâneo, Streck não deseja transformar os magistrados em *la bouche de la loi*, presente numa antiga fórmula do período da codificação francesa que oferecia um papel coadjuvante aos juízes; mas, pelo contrário, sua teoria da decisão – a partir dos aportes teóricos de Martin Heidegger, Hans-Georg Gadamer, Ernildo Stein e Ronald Dworkin – busca o fortalecimento de anteparos jurídicos contra qualquer manifestação autoritária do Judiciário, impedindo que o direito seja solapado por argumentos de política *escolhidos arbitrariamente* pelos juízes.

Sustentar a autonomia do direito em relação à política, a economia e a moral exige limites também à atuação do Poder Judiciário. Por essa autonomia não ser relativa, conforme o entendimento de Barroso,[265] as decisões judiciais não poderão refletir fatores extrajudiciais, como os valores pessoais e ideológicos do juiz ou outros elementos de natureza política. O magistrado não pode fazer a escolha do resultado com base em suas intuições, personalidade, preferências e preconceitos. Em um Estado Democrático de Direito permitir que as posições políticas de um juiz possam constituir uma das variáveis mais importantes para as decisões judiciais não é nem republicano e nem democrático.

Na verdade, com a consolidação dos regimes liberais nos Estados Unidos e na Europa pós-revolucionária, o constitucionalismo se sobrepôs ao poder exercido pelos monarcas e, mais tarde, passou a se posicionar contra os desmandos da maioria. Nesse sentido, se na primeira situação Rousseau e seus seguidores defenderam a posição de que o governo não mandava, mas deveria se submeter ao Estado Legislativo;[266] no segundo caso, surgiu a necessidade de o legislador também se submeter ao direito, por meio do controle judicial da legalidade/constitucionalidade de seus atos. Segundo as palavras de Bercovici, "[...] a Constituição do Estado evitaria os extremos do poder do monarca (reduzido à categoria de órgão do Estado, portanto, órgão

---

[265] Cf. BARROSO, Luis Roberto. Constituição, Democracia e Supremacia Judicial: Direito e Política no Brasil Contemporâneo. In: *Atualidades Jurídicas*. Brasília, v. 11, 2011, p. 66. De acordo com Barroso, "em múltiplas hipóteses, não poderá o intérprete fundar-se em elementos de pura razão e objetividade, como é a ambição do direito. Nem por isso, recairá na discricionariedade e na subjetividade, presentes nas decisões políticas. Entre os dois extremos, existe um espaço em que a vontade é exercida dentro de parâmetros de razoabilidade e de legitimidade, que podem ser controlados pela comunidade jurídica e pela sociedade. Vale dizer: o que se *quer* é balizado pelo que se *pode* e pelo que se *deve* fazer".

[266] Cf. FIORAVANTI, Maurizio. Estado y Constitución. In: ——. El Estado Moderno en Europa: Instituciones y derecho. Madrid: Trotta, 2004.

regido constitucionalmente) e da soberania popular (o povo passa a ser visto como um dos elementos do Estado)".[267]

Assim, paulatinamente, o constitucionalismo começou a ganhar força. A Constituição foi deixando para trás a função de mero documento organizativo das instituições estatais, conforme o entendimento de Georg Jellinek, no século XIX, e começou a abranger não apenas o Estado, mas também a sociedade. Todas essas transformações alteraram as relações institucionais entre os três Poderes e acabaram transferindo ao Judiciário uma maior responsabilidade na concretização dos novos direitos. Desse modo, se no contexto atual o Judiciário tornou-se uma peça fundamental para a defesa da supremacia constitucional, consequentemente os limites da sua atuação institucional passaram a receber maior atenção da comunidade jurídica.

No entanto, o necessário limite à atuação do Poder Judiciário, nos termos apresentados por Lenio Streck, não passa pelo fim de sua autonomia funcional ou pela sua subordinação a algum outro Poder. Sustentar uma proposta nesse sentido seria um grande retrocesso para o próprio constitucionalismo, pois iria favorecer os atos arbitrários praticados pelos Poderes Legislativo e Executivo. Na verdade, um dos grandes méritos do constitucionalismo do Segundo Pós-Guerra foi o fortalecimento da jurisdição constitucional para a defesa da autonomia do direito. Sem esta importante característica, o direito perderia um mecanismo de controle do poder político imprescindível para a realização do Estado Democrático de Direito. Nesse sentido, Streck tem demonstrado constantemente que sua teoria da decisão não tem o intuito de enfraquecer o Poder Judiciário, mas sim de impedir qualquer espécie de mandonismo judicial exercido por um pretenso poder discricionário.[268]

De fato, ao se posicionar contra a PEC 3/2011, que permite ao Congresso Nacional controlar os atos normativos do Judiciário, Streck na verdade saiu em defesa da autonomia funcional deste Poder. De acordo com ele, "[...] em uma democracia constitucional é necessário que exista um Judiciário forte, que funcione como efetivo garantidor dos direitos fundamentais e das regras do jogo político que são esta-

---

[267] Cf. BERCOVICI, Gilberto. Constituição e Política: uma relação difícil. In: *Lua Nova: revista de cultura política*. São Paulo, v. 61, 2004, p. 5.

[268] Cf. MORAIS, Fausto Santos de; TRINDADE, André Karam. Ensaio sobre a *Crítica Hermenêutica do Direito* – Reflexões sobre o pensamento jurídico de Lenio Streck. In: *Revista do Instituto de Hermenêutica Jurídica*, v. 10, 2011, p. 110. Em concordância com Trindade e Santos de Morais é possível afirmar que, "[...] Streck se insere junto àqueles juristas que reconhecem os avanços provenientes da Constituição, mas mantém as suas preocupações no que diz respeito ao ajuste do exercício da jurisdição constitucional aos imperativos próprios da democracia".

Constituição e Poder
LIMITES DA POLÍTICA NO ESTADO DE DIREITO

tuídas pela Constituição".[269] Na atualidade, o Poder Judiciário tende a assumir um papel mais relevante, pois a tarefa institucional de proteger os novos direitos cabe precipuamente a sua esfera de atuação.[270] Ao elaborar anteparos à autonomia do direito, para que esta não seja violada pela atividade judicante, Streck não pretende submeter às decisões judiciais a algum tipo de controle político por parte dos demais Poderes, mas sim elaborar uma teoria da decisão compatível com as novas responsabilidades assumidas pelo Judiciário. É por isso que a proposta de Streck não pode ser confundida com o que o exegetismo francês apregoava no século XIX, proibindo os juízes daquela época de interpretarem a lei.[271] Se a teoria da decisão de Streck realmente estivesse vinculada ao positivismo primitivo, naturalmente a PEC 3/2011 não receberia qualquer crítica por parte do jusfilósofo.

Na verdade, todo o esforço de Streck se volta para a democratização do Poder Judiciário, que, no cenário atual, passa necessariamente pela crítica aos diversos tipos de protagonismo, discricionariedade e ativismo judicial propagados pelo Brasil, sobretudo na última década. Assim, suas formulações teóricas resultaram na denominada *Crítica Hermenêutica do Direito*, que passou a enfrentar o problema do decisionismo através da exigência de respostas adequadas à Constituição. Obviamente, esta posição teórica, sustentada por Streck, manteve o reconhecimento de que o Poder Judiciário, no Constitucionalismo Contemporâneo, deve funcionar como órgão transformador da realidade estabelecida, não numa postura ativista, mas sim no sentido de efetivar as conquistas constitucionais por meio dos instrumentos jurídicos previstos pelo sistema jurídico. Segundo ele,

> [...] discutir as condições de possibilidade da decisão jurídica é, antes de tudo, *uma questão de* democracia. Por isso, deveria ser despiciendo acentuar ou lembrar que *a crítica à discricionariedade judicial não é uma 'proibição de interpretar'*. Ora, interpretar é dar sentido (*Sinngebung*). É fundir horizontes. E o direito é composto por regras e princípios, "comandados" por uma Constituição. [...]
>
> O que deve ser entendido é que a realização/concretização desses textos (isto é, a sua transformação em normas) *não depende* – e não pode depender – de uma subjetividade assujeitadora (esquema S-O), como se os sentidos a serem atribuídos fossem

---

[269] Cf. STRECK, Lenio Luiz. *Poder Legislativo não deve revogar decisões judiciais*. Disponível em: <http://www.conjur.com.br/2012-mai-31/senso-incomum-problema-ativismo-judicial-nao-resolvido-pec#_ftn1>. Acessado em: 04/02/2013.

[270] Cf. VIANNA, Luiz Werneck; BURGOS, Marcelo Baumann; CARVALHO, Maria Alice Rezende de; MELO, Manuel Palacios Cunha. *A judicialização da política e das relações sociais no Brasil*. Rio de Janeiro: Revan, 1999.

[271] Para uma melhor elucidação dessa questão, ver: STRECK, Lenio Luiz. Aplicar a "letra da lei" é uma atitude positivista? *Novos Estudos Jurídicos*. Itajaí, v. 15, n. 1, 2010. Disponível em: <http://www6.univali.br/seer/index.php/nej/article/view/2308>. Acesso em: 05/02/2013.

fruto da vontade do intérprete. Ora, fosse isso verdadeiro, teríamos que dar razão a Kelsen, para quem *a interpretação a ser feita pelos juízes é um ato de vontade*. Isso para dizer o mínimo![272]

Para compreender todas essas questões, Streck demonstrou que o direito sempre estará vinculado a um determinado paradigma filosófico e que em nenhum momento os juristas poderão negar seus efeitos sobre o conhecimento jurídico.[273] Ao recepcionar a revolução paradigmática promovida pela *viragem linguística*, pela filosofia hermenêutica e pela hermenêutica filosófica, Streck conseguiu se distanciar da hermenêutica clássica, cujo modelo epistemológico estava inteiramente vinculado ao modelo científico moderno, e, ao mesmo tempo, encontrou condições para enfrentar o voluntarismo subjetivista presente em grande parte das decisões judiciais.[274] Após todos os esforços realizados pelo constitucionalismo para limitar a atividade do Executivo e do Legislativo, Streck demonstrou que no Estado Democrático de Direito o juiz não estaria livre para dizer o que quisesse sobre o direito, num processo autoritário de assujeitamento do direito capaz de transformar a função pública de julgar numa simples extensão da esfera doméstica.

Nesse sentido, Streck procurou trabalhar as questões mais relevantes para a conservação do regime democrático, concentrando seus esforços principalmente no enfrentamento contra as arbitrariedades praticadas pelo Poder Judiciário. E isso é fundamental para quem continua compreendendo o constitucionalismo como uma técnica de limitação do poder, trabalhando numa perspectiva de defesa da autonomia do direito frente às constantes investidas da política. Certamente, quando Streck aponta as deficiências e limitações do pensamento dogmático, para se pensar uma teoria da decisão compatível com o atual estágio do constitucionalismo, ele demonstra que, tanto o

---

[272] Cf. STRECK, Lenio Luiz. Patogênese do protagonismo judicial em *Terrae Brasilis* ou de como "sentença não vem de *sentire*". In: MORAIS, José Luiz Bolzan de; ———. *Constituição, Sistemas Sociais e Hermenêutica: anuário do programa de pós-graduação em Direito da Unisinos*. Porto Alegre: Livraria do Advogado, nº 6, 2010, p. 158.

[273] Cf. GADAMER, Hans-Georg. *Verdade e método: traços fundamentais de uma hermenêutica filosófica*. 3ª ed., Petrópolis: Vozes, 1999, p. 415 – 416. Isso significa que sempre estamos dentro de uma tradição. E não há como se fugir dela. Não existe um ponto arquimediano fora da história. Nesse sentido, Gadamer afirma que, "Na realidade, não é a história que pertence a nós, mas nós é que a ela pertencemos. Muito antes de que nós compreendamos a nós mesmos na reflexão, já estamos nos compreendendo de uma maneira auto-evidente na família, na sociedade e no Estado em que vivemos. A lente da subjetividade é um espelho deformante. A auto-reflexão do indivíduo não é mais que uma centelha na corrente cerrada da vida histórica. Por isso os preconceitos de um indivíduo são, muito mais que seus juízos, a realidade histórica de seu ser".

[274] Cf. STRECK, Lenio Luiz. *Hermenêutica Jurídica e(m) Crise*. 10ª ed., Porto Alegre: Livraria do Advogado, 2011.

Constituição e Poder
LIMITES DA POLÍTICA NO ESTADO DE DIREITO

137

voluntarismo do sujeito solipsista, como as posturas objetivistas que se apoiam na filosofia aristotélico-tomista, não têm condições reais de enfrentar o problema do decisionismo. E é aí que aparece o problema em torno dos diversos positivismos que Streck tanto critica. A partir de uma necessária aproximação com a filosofia hermenêutica, de Martin Heidegger, da hermenêutica filosófica, de Hans-Georg Gadamer, e da resposta correta, de Ronald Dworkin, Streck propõe uma teoria da decisão capaz de enfrentar as posturas voluntaristas no direito e, consequentemente, aumentar o controle sobre a atuação do Poder Judiciário.

Se o direito servisse somente para apontar como incorretas as decisões extremamente absurdas, então o constitucionalismo – compreendido como uma importante técnica de limitação do poder político – teria fracassado completamente nos dias atuais, permitindo que qualquer decisão emitida pelo Poder Judiciário fosse aceita como legítima. Sempre há uma resposta constitucionalmente adequada para uma situação concreta. Somente a ausência de qualquer critério constitucional para as decisões judiciais pode autorizar o relativismo e a falta de rigorismo no direito, favorecendo posições autoritárias que impedem o fortalecimento da legalidade no contexto brasileiro. Por isso, em concordância com Georges Abboud, "se o direito servir apenas para apontar teratologia ou bizarrice, o direito, então, não servirá para quase nada".[275]

Uma teoria da decisão judicial, tão necessária a um Estado Democrático de Direito, deve ser construída no sentido de fazer com que os juízes atribuam o melhor sentido possível ao direito, fugindo do velho problema engendrado pela filosofia da consciência: a discricionariedade.[276] É possível afirmar que no contexto brasileiro a discricionariedade tem assumido contornos dramáticos, principalmente devido às várias mixagens teóricas, que ora fazem com que um mesmo tribunal assuma uma posição objetivista, onde a lei vale tudo, e ora assuma uma posição subjetivista, onde a lei não vale absolutamente nada. Por isso, frente às crescentes demandas sociais, que buscam a concretiza-

---

[275] Cf. ABBOUD, Georges. Crítica à jurisprudência do STF em matéria de controle de constitucionalidade. In: *Revista dos Tribunais*, v. 215, 2012, p. 409.

[276] Cf. DINAMARCO, Cândido Rangel. *A instrumentalidade do processo*. 14º ed., São Paulo: Malheiros Editores, 2005, p. 361. Posicionamentos favoráveis à discricionariedade podem ser encontrados no instrumentalismo processual. De acordo com Dinamarco, "ser sujeito a lei não significa ser preso ao rigor das palavras que os textos contêm, mas ao espírito do direito de seu tempo. Se o texto aparenta apontar para uma solução que não satisfaça ao seu sentimento de justiça, isso significa que provavelmente as palavras do texto ou foram mal empregadas pelo legislador, ou o próprio texto, segundo a *mens legislatoris*, discrepa dos valores aceitos pela nação no tempo presente. Na medida em que o próprio ordenamento jurídico lhe ofereça meios para uma interpretação sistemática satisfatória perante o seu senso de justiça, ao afastar-se das aparências verbais do texto e atender aos valores subjacentes à lei, ele estará fazendo cumprir o direito".

ção de direitos no Poder Judiciário, a posição substancialista, adotada por Lenio Streck, entende que o Poder Judiciário deve colocar em evidência todas as conquistas democráticas positivadas pela Constituição, contra qualquer maioria eventual que ameace a aplicabilidade desses direitos. Para tanto, essa manifestação substancialista não deve ocorrer no sentido de um ativismo político-ideológico, sustentado pela discricionariedade, mas, ao contrário, deve ser determinada pela busca de uma maior efetividade dos princípios ínsitos aos direitos fundamentais previstos pela Constituição de 1988.

Para Streck, a restrição à atividade jurisdicional deve ocorrer principalmente por meio da exigência de coerência e integridade nas decisões proferidas pelos juízes.[277] Segundo ele, ao respeitar a força normativa da Constituição, o Poder Judiciário deverá aplicar os mesmos princípios que foram aplicados anteriormente, em casos similares, evitando que decisões sejam prolatadas *ad hoc*, já que diante da viragem linguística, recepcionada pela sua obra, o direito deixa de ser facilmente manipulável por posturas discricionárias e passa a se submeter ao controle hermenêutico.

Desse modo, a interpretação realizada pelo Judiciário não deve ocorrer separada do pano de fundo intersubjetivo estabelecido pela comunidade política. Seria antidemocrático se o constitucionalismo hodierno permitisse ao juiz decidir por escolhas, impondo livremente seus argumentos políticos contra o próprio direito. Isso reforçaria o domínio estamental sobre o Judiciário, permitindo que as preferências pessoais de um magistrado assumissem um lugar decisivo no momento da decisão judicial. Após tantos esforços para que o constitucionalismo se sobrepusesse ao poder político, não faria sentido que, na atual conjuntura, o Judiciário passasse a dispor livremente da Constituição. Conceder aos juízes o poder de livre atribuição sobre o direito deve ser considerado como uma postura autoritária, capaz de acarretar graves prejuízos ao regime democrático. Nesse sentido, a necessidade de respostas adequadas à Constituição, sustentada por Streck, é uma maneira de evitar que as decisões judiciais se transformem num apanhado de preferências pessoais, morais ou políticas dos juízes que compõem os tribunais, sem que, ao mesmo tempo, a autonomia funcional do Judiciário seja afetada por algum outro órgão do Estado.

---

[277] STRECK, Lenio Luiz. *Verdade e Consenso*. 4ª ed., São Paulo: Saraiva, 2011, p. 620. De acordo com Streck, "a decisão (resposta) estará adequada na medida em que for respeitada, em maior grau, a autonomia do direito (que se pressupõe produzido democraticamente), evitada a discricionariedade (além da abolição de qualquer atitude arbitrária) e respeitada a coerência e a integridade do direito, a partir de uma detalhada fundamentação".

Considerações finais

Para compreender a importância do Poder Judiciário na preservação da autonomia do direito, o presente trabalho percorreu vários séculos de história do constitucionalismo e analisou o surgimento de diversos mecanismos de limitação do poder político. O aparecimento de todas essas formas de defesa da liberdade – contra o exercício arbitrário do poder – foi fundamental para que, mais tarde, ocorresse a formação dos regimes democráticos. Assim, seria extremamente incoerente continuar a pensar as possibilidades de realização da democracia, sem que, ao mesmo tempo, fosse levada em consideração a autonomia que o direito conquistou no Constitucionalismo Contemporâneo. Sustentar, ainda hoje, que o direito pode ser instrumentalizado, tanto por correntes mais conservadoras, como por correntes mais "progressistas", serve apenas para fortalecer posições que nunca estiveram comprometidas com a defesa da supremacia constitucional.

Desse modo, a raiz histórica de todas essas questões foi encontrada no momento da formação do Estado, que, em sua origem, primeiramente, surgiu como absolutista. Nesse tempo, o grande desafio não era limitar o poder político, mas sim fazer com que o mesmo fosse capaz de superar as terríveis guerras religiosas que assolavam a Europa e, simultaneamente, proteger o maior bem que um indivíduo pode possuir na terra, que é a própria vida. Era preciso, naquele contexto, que uma organização política centralizada se sobrepusesse a todas as facções religiosas que, após a reforma protestante, passaram a se digladiar com extrema violência. E esse foi o sentido do *Leviatã* hobbesiano, no contexto da guerra civil inglesa. A grande preocupação do teórico do Estado absolutista não era com a defesa de um regime político despótico, mas sim com a criação de uma instituição política em condição de pacificar a sociedade, superando o estado de natureza presente na guerra de todos contra todos.

Contudo, após o fim das guerras religiosas, a centralização política em torno do monarca transformou-se num grave problema para a limitação do poder político. O monarca, que no caso acumulava as funções do *gubernaculum* e da *jurisdictio*, foi assumindo cada vez mais uma postura despótica. Foi esse o cenário que o constitucionalismo moderno encontrou nos séculos XVII e XVIII. Assim, limitar a atuação dos monarcas foi o grande desafio dos revolucionários ingleses e franceses daquele período, sendo que em cada lugar foi apresentada uma resposta constitucional diferenciada para o problema do despotismo.

No caso da Inglaterra, a forte atuação dos juízes fez com que o controle jurisdicional, tanto da atuação do monarca, como dos atos praticados pelo Parlamento, tivesse sua primeira experiência na tradição jurídica ocidental. Por meio da decisão judicial prolatada por Edward Coke, os ingleses demonstraram a necessidade de um Judiciário independente para impedir qualquer forma de arbitrariedade por parte do poder político. Por outro lado, na experiência francesa a atuação do Poder Judiciário foi completamente descartada e os revolucionários procuraram apoiar-se principalmente na atuação do Poder Legislativo. Nesse caso, os juízes estavam identificados diretamente com a estrutura de poder do *ancien régime* e, por isso, acabaram submetidos ao controle político da *volonté générale*. Certamente a história foi capaz de demonstrar os erros e acertos dessas duas experiências constitucionais, ao destacar que um regime político, baseado na vontade da maioria, poderia ser tão arbitrário quanto uma monarquia despótica.

Após a guerra de independência contra a Inglaterra, a jurisdição constitucional ganhou força primeiramente nos Estados Unidos. Baseada na famosa decisão de Edward Coke, a nova nação deu origem a *judicial review* para zelar pela supremacia da Constituição. A necessidade de limitar a atuação dos Poderes Executivo e Legislativo fez com que a Suprema Corte assumisse um papel extremamente importante na engenharia constitucional estadunidense, funcionando como um verdadeiro tribunal da federação. Nesse sentido, ao contrário dos revolucionários franceses, os Estados Unidos transferiram ao órgão de cúpula do Poder Judiciário o papel de impedir que o direito sofresse qualquer tipo de ataque, tanto pelo Executivo, como pelo Legislativo.

Esse mecanismo judicial, de controle do poder político, foi fundamental para o aprimoramento do constitucionalismo. Desse modo, após a Segunda Guerra Mundial, diversos países europeus ajudaram a organizar um outro modelo de jurisdição constitucional, baseado em um controle concentrado realizado exclusivamente pelos Tribunais constitucionais. Diferentemente dos Estados Unidos, na Europa continental do século XIX ainda não havia predominado a doutrina da supremacia constitucional. Suas Constituições, segundo a análise de Lassalle, eram apenas folhas de papel e não tinham nenhuma normatividade. Dessa forma, o surgimento dos Tribunais constitucionais serviu para fortalecer a normatividade das novas Constituições.

Contudo, no contexto brasileiro estas questões foram incorporadas de maneira completamente incoerente pelo estamento burocrático, que, durante a vigência de regimes autoritários, importou da Europa e dos Estados Unidos as principais instituições elaboradas pelos movimentos revolucionários. Aqui, o domínio estamental se sobrepôs ao direito e passou a utilizar todos esses mecanismos constitucionais em causa própria. Respeitando a especificidade histórica de cada período, foi possível analisar esta situação em três momentos distintos: no Império, na República Velha e no Regime Burocrático-Militar de 1964 – 1985.

No primeiro caso, o constitucionalismo brasileiro começou muito mau, com a outorga da Constituição de 1824 pelo imperador D. Pedro I. Não havia uma jurisdição constitucional e o Supremo Tribunal de Justiça, órgão de cúpula do Poder Judiciário, funcionava como um verdadeiro tribunal de cassação. O monarca governava de maneira despótica por meio do Poder Moderador e interferia em todos os outros Poderes. Assim, em vez de uma monarquia constitucional, o Império fez do monarca brasileiro uma autoridade política colocada acima do direito.

No segundo caso, a República Velha foi proclamada por meio de um golpe militar. A Constituição de 1891 trouxe dos Estados Unidos o presidencialismo, o federalismo e a *judicial review*. No entanto, a maneira como o estamento se apropriou dessas instituições serviu principalmente para estimular o poder arbitrário do presidente da República. O federalismo foi transformado num mecanismo de relação oligárquica entre o poder central e as lideranças locais; o controle difuso não funcionou nos mesmos termos que a *judicial review*, primeiramente porque o Brasil não possuía a noção do *stare decisis*, presente nos países filiados à tradição do *common law*; em segundo lugar, porque o STF não assumiu o papel que a Suprema Corte exerce nos Estados Unidos como tribunal da federação.

No terceiro caso, o estamento burocrático-militar recepcionou o controle concentrado de constitucionalidade, que a Europa continental, do Segundo Pós-Guerra, havia formulado. Na experiência europeia, a jurisdição constitucional mostrou-se necessária para garantir a supremacia das novas Constituições e, ao mesmo tempo, oferecer maiores condições para a defesa da autonomia ao direito. Contudo, ao contrário dos Tribunais constitucionais europeus, a incorporação

Constituição e Poder
LIMITES DA POLÍTICA NO ESTADO DE DIREITO

143

feita pelo Brasil serviu somente para aumentar o domínio do Poder Executivo sobre o Poder Judiciário e, consequentemente, favorecer os desígnios do regime autoritário.

Essa situação começou a ser alterada somente a partir da promulgação da nova Constituição, em 1988. Após diversos regimes autoritários – onde os mecanismos constitucionais de limitação do poder foram incorporados apenas formalmente pelo Estado brasileiro – a redemocratização alterou completamente o ambiente político e fez com que o direito assumisse uma nova condição frente a atuação de todos os Poderes instituídos pela República. Diante dessa nova conjuntura, o Judiciário conquistou sua independência funcional e assumiu uma maior predominância institucional frente aos demais Poderes. Nesse sentido, o fortalecimento da jurisdição constitucional deve ser compreendido como a conquista de um importante mecanismo de defesa da autonomia do direito.

Dessa maneira, ao mesmo tempo em que foi demonstrada a importância do Poder Judiciário para se pensar a defesa da autonomia do direito, o presente trabalho sustentou a necessidade de limites à atividade jurisdicional, para que esta não venha a se degenerar em qualquer espécie de ativismo. Qualquer forma de manifestação voluntarista, numa decisão judicial, representa graves prejuízos à realização do Estado Democrático de Direito. Encarar a função de magistrado como uma extensão da vida privada, onde o juiz pode decidir conforme as suas preferências pessoais é, no mínimo, uma postura autoritária, própria do modelo de dominação estamental. Por isso, em um regime democrático é necessário uma teoria da decisão para limitar a atuação do Judiciário, que não deve funcionar por meio de um controle político, mas sim por meio de um controle hermenêutico, conforme a posição sustentada por Lenio Streck.

Referências

ABBOUD, Georges. Crítica à jurisprudência do STF em matéria de controle de constitucionalidade. In: *Revista dos Tribunais*, v. 215, 2012.

——. *Jurisdição Constitucional e Direitos Fundamentais*. São Paulo: Revista dos Tribunais, 2011.

——. STF vs. Vontade da Maioria: as razões pelas quais a existência do STF somente se justifica se ele for contramajoritário. In: *Revista dos Tribunais*, vol. 921, 2012.

ABRANCHES, Sérgio Henrique Hudson de. Presidencialismo de coalizão: o dilema institucional brasileiro. In: *Dados*. Rio de Janeiro, v. 31, nº 1, 1988.

ADORNO, Sérgio. *Os aprendizes do poder: o bacharelismo liberal na política brasileira*. Rio de Janeiro: Paz e Terra, 1988.

AGAMBEN, Giorgio. *Estado de exceção*. São Paulo: Boitempo, 2004.

ALTHUSSER, Louis. *Aparelhos ideológicos de Estado*. 6ª ed., Rio de Janeiro: Graal, 1992.

ANDERSON, Perry. Balanço do neoliberalismo. In: GENTILI, Pablo; SADER, Emir. *Pós-neoliberalismo: as políticas sociais e o Estado democrático*. Rio de Janeiro: Paz e Terra, 1995.

——. *Linhagens do Estado absolutista*. São Paulo: Brasiliense, 2004.

ARENDT, Hannah. *Da revolução*. 2ª ed., São Paulo: Ática, 1990.

——. *Origens do totalitarismo*. São Paulo: Companhia das Letras, 1989.

BALEEIRO, Aliomar de Andrade. *O Supremo Tribunal Federal, esse outro desconhecido*. Rio de Janeiro: Forense, 1968.

BARBOSA, Leonardo Augusto de Andrade. *História constitucional brasileira: mudança constitucional, autoritarismo e democracia no Brasil pós-1964*. Brasília: Câmara dos Deputados, 2012.

BARROSO, Luis Roberto. Constituição, Democracia e Supremacia Judicial: Direito e Política no Brasil Contemporâneo. In: *Atualidades Jurídicas*. Brasília, v. 11, 2011.

BASBAUM, Leôncio. *História sincera da República: de 1889 a 1930*. São Paulo: Alfa-Omega, 1975.

BERCOVICI, Gilberto. A problemática da Constituição dirigente: algumas considerações sobre o caso brasileiro. In: *Revista de Informação Legislativa*. Brasília, nº 142, 1999.

——. Constituição e Política: uma relação difícil. In: *Lua Nova: revista de cultura política*. São Paulo, v. 61, 2004.

——. *Dilemas do Estado federal brasileiro*. Porto Alegre: Livraria do Advogado, 2004.

BERMAN, Harold. *Direito e revolução: a formação da tradição jurídica ocidental*. São Leopoldo: Editora Unisinos, 2006.

——. O fundamento histórico do direito americano. In: *Aspectos do direito americano*. Rio de Janeiro: ed. Forense, 1963.

BETHENCOURT, Francisco. *História das Inquisições: Portugal, Espanha e Itália – séculos XV e XVI*. São Paulo: Companhia das Letras, 2000.

BOBBIO, Norberto. *Estado, Governo, Sociedade: para uma teoria geral da política*. Rio de Janeiro: Paz e Terra, 1987.

——. *Thomas Hobbes*. Rio de Janeiro: ed. Campus, 1991.

——. *O Positivismo Jurídico: lições de filosofia do direito*. São Paulo: Ícone, 2006.

BODIN, Jean. *Los seis libros de la republica*. Madrid: Centro de Estududios Constitucionales, 1992.

BOLZAN DE MORAIS, Jose Luis. *As crises do Estado e da Constituição e a Transformação espacial dos Direitos humanos*. Porto Alegre: Livraria do Advogado, 2011.

——. Afinal: quem é o Estado? Por uma Teoria (possível) do/para o Estado Constitucional. In: ——; COUTINHO, Jacinto Nelson de Miranda; STRECK, Lenio Luiz. *Estudos Constitucionais*. Rio de Janeiro: Renovar, 2007.

BONAVIDES, Paulo; ANDRADE, Paes de. *História Constitucional do Brasil*. 4ª ed., Brasília: OAB Editora, 2002.

——; VIEIRA, R. A. do Amaral (orgs.). *Textos políticos de História do Brasil*. Fortaleza, Imprensa Universitária, 1973.

BORGES, Nilson. A doutrina de Segurança Nacional e os governos militares. In: DELGADO, Lucilia de Almeida Neves; FERREIRA, Jorge. *O Brasil Republicano: o tempo da ditadura – regime militar e movimentos sociais em fins do século XX*. 3ª ed., Rio de Janeiro: Civilização Brasileira, 2009.

BORGES, Dain. "Inchado, feio, preguiçoso e inerte": a degeneração do pensamento social brasileiro, 1880 – 1940. In: *Teoria & Pesquisa*. São Carlos: Revista de Ciência Política da UFSCar, nº 47, julho de 2005.

BRESSER-PEREIRA, Luiz Carlos. Brasil, sociedade nacional-dependente. In: *Novos Estudos*. São Paulo: Cebrap, nº 93, 2012.

CAENEGEM, Raoul van. *Juízes, Legisladores e Professores*. Rio de Janeiro: Elsevier, 2010.

——. *Uma introdução histórica ao direito privado*. São Paulo: Martins Fontes, 2000.

——. *Uma introdução histórica ao direito constitucional ocidental*. Lisboa: Fundação Calouste Gulberkian, 2009.

CARDOSO, Fernando Henrique; FALETTO, Enzo. *Dependência e Desenvolvimento na América Latina: ensaio de interpretação sociológica*. 5ª ed., Rio de Janeiro: Zahar Editores, 1979.

CARVALHO, José Murilo de. *A construção da Ordem: a elite política imperial; Teatro de Sombras: a política imperial*. 2ª ed., Rio de Janeiro: Editora UFRJ, 1996.

——. *Cidadania no Brasil: o longo caminho*. 15ª ed., Rio de Janeiro: Civilização Brasileira, 2012.

——. Mandonismo, Coronelismo e Clientelismo: uma discussão conceitual. In: *Dados*. Rio de Janeiro: IUPERJ, vol. 40, nº 2, 1997.

——. *Os bestializados: o Rio de Janeiro e a República que não foi*. São Paulo: Companhia das Letras, 1987.

——. República, democracia e federalismo no Brasil: 1870 – 1891. In: *Varia História*. Belo Horizonte: UFMG, vol.27, n.45, 2011.

CATTONI DE OLIVEIRA, Marcelo Andrade; ALVES, Adamo Dias. Considerações sobre a reforma política: uma análise da relação entre Legislativo e Executivo contra o presidencialismo de coalizão e o bonapartismo. In: *Revista do Instituto de Hermenêutica Jurídica*. Belo Horizonte, nº 9, p. 13 – 31, 2011.

——; GOMES, David Francisco Lopes. Entre Direito e Política – Novas contribuições para a teoria do Poder Constituinte e o problema constitucional da fundação moderna da legitimidade. In: ——; MACHADO, Felipe. *Constituição e Processo: entre o Direito e a Política*. Belo Horizonte: Editora Fórum, 2011.

——. Democracia sem espera e processo de constitucionalização: uma crítica aos discursos oficiais sobre a chamada "transição política brasileira". In: ——; MACHADO, Felipe Daniel Amorim. *Constituição e Processo: a resposta do constitucionalismo à banalização do terror*. Belo Horizonte: Del Rey, 2009.

CHEVALLIER, Jean-Jacques. *As grandes obras políticas de Maquiavel a nossos dias*. 8ª ed., Rio de Janeiro: Agir, 1999.

COMPARATO, Fábio Konder (org.). Prefácio. In: FAORO, Raymundo. *A República Inacabada*. São Paulo: Globo, 2007.

———. Redescobrindo o espírito republicano. In: *Revista da AJURIS*. Porto Alegre, 2005.

COSTA, Emília Viotti da. *O Supremo Tribunal Federal e a construção da cidadania*. 2ª ed. São Paulo: Ed. Unesp, 2006.

DINAMARCO, Cândido Rangel. *A instrumentalidade do processo*. 14º ed., São Paulo: Malheiros Editores, 2005.

DWORKIN, Ronald. *Levando os direitos a sério*. 2ª ed., São Paulo: Martins Fontes, 2007.

ENTERRÍA, Eduardo García de. *La Constitución como norma y el Tribunal Constitucional*. Madrid: Civitas, 1985.

FAORO, Raymundo. Assembleia Constituinte: a legitimidade resgatada. In: *A república inacabada*. São Paulo: Globo, 2007.

———. *Machado de Assis: a pirâmide e o trapézio*. 4ª ed., São Paulo: Globo, 2001.

———. *Os donos do poder: formação do patronato político brasileiro*. 3ª ed., São Paulo: Globo, 2001.

FAUSTO, Boris. *O pensamento nacionalista autoritário*. Rio de Janeiro: Jorge Zahar, 2001.

FERREIRA FILHO, Manoel Gonçalves de. *Curso de Direito Constitucional*. 7ª ed., São Paulo: Saraiva, 1978.

FIORAVANTI, Maurizio. *Constitución: de la antiguidad a nuestros dias*. Madrid: Editorial Trotta, 2001.

———. Estado y Constitución. In: ———. *El Estado Moderno en Europa: Instituciones y derecho*. Madrid: Trotta, 2004.

———. *Los derechos fundamentales: apuntes de historia de las constituciones*. Madrid: Trotta, 2003.

GADAMER, Hans-Georg. *Verdade e método: traços fundamentais de uma hermenêutica filosófica*. 3ª ed., Petrópolis: Vozes, 1999.

GARCÍA, Pedro de Vega. Prologo. In: SCHMITT, Carl. *La defensa de la Constitución*. Madrid: Editorial Tecnos, 1983.

GARCIA NETO, Paulo Macedo. O Judiciário no crepúsculo do Império (1871 – 1889). In: LOPES, José Reinaldo de Lima (org.). *O Supremo Tribunal de Justiça do Império: (1828 – 1889)*. São Paulo: Saraiva, 2010.

GRIMM, Dieter. *Constituição e Política*. Belo Horizonte: Del Rey, 2006.

GROSSI, Paolo. *O direito entre poder e ordenamento*. Belo Horizonte: Del Rey, 2010.

HABERMAS, Jürgen. *Direito e democracia: entre facticidade e validade*. v. 1., 2ª ed. Rio de Janeiro: Tempo Brasileiro, 2010.

HESSE, Konrad. *A força normativa da constituição*. Porto Alegre: Sergio Antonio Fabris, 1991.

HIRSCHL, Ran. O novo constitucionalismo e a judicialização da política pura no mundo. In: *Revista de direito administrativo*, Rio de Janeiro, vol. 251, 2009.

HOBBES, Thomas. *Leviatã ou Matéria, forma e poder de um estado eclesiástico e civil*. 2ª ed., São Paulo: Abril Cultural, 1979.

HOBSBAWM, Eric John. *A era das revoluções: 1789 – 1848*. 25ª ed., São Paulo: Paz e Terra, 2011.

———. *Era dos Extremos: o breve século XX*. São Paulo: Companhia das Letras, 1995.

HOLMES, Stephen. El precompromisso y la paradoja de la democracia. In: ELSTER, Jon; SLAGSTAD, Rune. *Constitucionalismo y Democracia*. México: Fondo de Cultura Económica, 1999.

IANNI, Octavio. Tendências do pensamento brasileiro. In: *Tempo Social*. São Paulo: Revista de Sociologia da USP, nº 12, novembro de 2000.

KANTAROWICS, Ernst H. *Os dois corpos do rei: um estudo sobre teologia política medieval*. São Paulo: Companhia das Letras, 1998.

KELSEN, Hans. Quem deve ser o guardião da Constituição? In: *Jurisdição constitucional*. São Paulo: Martins Fontes, 2003.

———. *Teoria Pura do Direito*. São Paulo: Martins Fontes, 1998.

KOERNER, Andrei. *Judiciário e Cidadania na constituição da República brasileira*. São Paulo: Editora Hucitec Ltda., 1998.

Constituição e Poder
LIMITES DA POLÍTICA NO ESTADO DE DIREITO

KOSELLECK, Reinhart. *Crítica e Crise: uma contribuição a patogênese do mundo burguês*. Rio de Janeiro: Contraponto, 1999.

KRONMAN, Anthony. *Max Weber*. Rio de Janeiro: Elsevier, 2009.

LASSALLE, Ferdinand. *A essência da constituição*. 5ª ed., Rio de Janeiro: Lumen Juris, 2000.

LAZZARINI, Sérgio Giovanetti. *Capitalismo de Laços: os donos do Brasil e suas conexões*. Rio de Janeiro: Elsevier, 2011.

LEAL, Victor Nunes. *Coronelismo, Enxada e Voto*. 5ª ed., São Paulo: Editora Alfa-Omega, 1986.

LEITE, Dante Moreira. *O caráter nacional brasileiro*. São Paulo: Pioneira, 1976.

LIMA, Martonio Mont'Alverne Barreto. Idealismo e efetivação constitucional: a impossibilidade da realização da Constituição sem a política. In: COUTINHO, Jacinto Nelson de Miranda; ———. *Diálogos Constitucionais: direito, neoliberalismo e desenvolvimento em países periféricos*. Rio de Janeiro: Renovar, v. 1, 2006.

———. Democracia no Poder Judiciário. In: *Revista de Direito e Liberdade*. Natal, v. 1, nº 1, 2005.

LYNCH, Christian Edward Cyril. O discurso político monarquiano e a recepção do conceito de poder moderador no Brasil (1822-1824). In: *Dados*. Rio de Janeiro: IUPERJ, vol.48, n.3, 2005.

LOPES, José Reinaldo de Lima. *O Direito na História: lições introdutórias*. 3ª ed., São Paulo: Max Limonad, 2000.

———. *O oráculo de Delfos: Conselho de Estado e direito no Brasil oitocentista*. São Paulo: Saraiva, 2010.

———. O Supremo Tribunal de Justiça do Império no apogeu do Império (1840 – 1871). In: ———. *O Supremo Tribunal de Justiça do Império: (1828 – 1889)*. São Paulo: Saraiva, 2010.

MAINWARING, Scott. Democracia presidencialista multipartidária: o caso do Brasil. In: *Lua Nova: revista de cultura e política*. São Paulo, nº 28 – 29, 1993.

MARCONDES, Danilo. *Iniciação à história da filosofia: dos pré-socráticos a Wittgenstein*. 5ª ed., Rio de Janeiro: Jorge Zahar Editor, 1997.

MATTEUCCI, Nicola. *Organización del poder y liberdad: historia del constitucionalismo moderno*. Madrid: Trotta, 1998.

MEDEIROS, Rui. *A decisão de inconstitucionalidade*. Lisboa, Universidade Católica de Lisboa, 2000.

MEIRELLES, Hely Lopes. Poder de Polícia e Segurança Nacional. In: ACCA, Thiago dos Santos; LOPES, José Reinaldo de lima; QUEIROZ, Rafael Mafei Rabelo. *Curso de História do Direito*. 2ª ed., Rio de Janeiro: Forense; São Paulo: Método, 2009.

MENDES, Gilmar Ferreira; COELHO, Inocêncio Mártires; BRANCO, Paulo Gustavo Gonet. *Curso de direito constitucional*. São Paulo: Saraiva, 2010.

MIRANDA, Jorge. *Teoria do Estado e da Constituição*. Rio de Janeiro: ed. Forense, 2007.

MORAIS, Fausto Santos de; TRINDADE, André Karam. Ensaio sobre a *Crítica Hermenêutica do Direito* – Reflexões sobre o pensamento jurídico de Lenio Streck. In: *Revista do Instituto de Hermenêutica Jurídica*, v. 10, 2011.

MORRISON, Wayne. *Filosofia do Direito: dos gregos ao pós-modernismo*. São Paulo: Martins Fontes, 2006.

MÜLLER, Ingo. *Hitler's Justice: The Courts of the Third Reich*. Cambridge: Harvard University Press, 1991.

NEVES, Marcelo. *A constitucionalização simbólica*. 3ª ed., São Paulo: Martins Fontes, 2011.

———. A concepção de Estado de Direito e sua vigência prática na América do Sul, com especial referência à força normativa de um direito supranacional. In: CARNEIRO, Gustavo Ferraz Sales; SILVA, Christine Oliveira Peter da. *Controle de Constitucionalidade e Direitos Fundamentais: estudos em homenagem ao professor Gilmar Mendes*. Rio de Janeiro: Lumen Juris, 2010.

———. *Entre Têmis e Leviatã: uma relação difícil*. 2ª ed., São Paulo: Martins Fontes, 2008.

O'DONNELL, Guillermo. Democracia Delegativa? In: *Novos Estudos*. São Paulo: Cebrap, nº 31, 1991.

——. Poliarquias e a (in)efetividade da lei na América Latina. In: *Novos Estudos*. São Paulo: Cebrap, nº 51, 1998.

——. *Reflexões sobre os Estados burocrático-autoritários*. São Paulo: Vértice, 1987.

PAIXÃO, Cristiano. Direito, política, autoritarismo e democracia no Brasil: da Revolução de 30 à promulgação da Constituição da República de 1988. In: *Revista Iberoamericana de Filosofia, Política y Humanidades*. Buenos Aires, año 13, nº 26, 2011.

PEREIRA, Anthony. *Ditadura e Repressão: o autoritarismo e o Estado de direito no Brasil, no Chile e na Argentina*. São Paulo: Paz e Terra, 2010.

PINHEIRO, Paulo Sérgio. O enigma da legalidade do autoritarismo. In: PEREIRA, Anthony W. *Ditadura e Repressão: o autoritarismo e o Estado de direito no Brasil, no Chile e na Argentina*. São Paulo: Paz e Terra, 2010.

POSNER, Richard. *Para além do direito*. São Paulo: Martins Fontes, 2009.

RAMIRES, Maurício. *Crítica à aplicação dos precedentes no direito brasileiro*. Porto Alegre: Livraria do Advogado, 2010.

REALE, Giovane; ANTISERI, Dario. *História da Filosofia. I: do Romantismo até nossos dias*. São Paulo: Paulus, 1990.

REALE, Miguel. Momentos decisivos do constitucionalismo brasileiro. In: *Revista de Informação Legislativa*. Brasília: ano 20, nº 77, 1983.

RIBEIRO, Renato Janine. *Ao leitor sem medo: Hobbes escrevendo contra seu tempo*. São Paulo: Brasiliense, 1984.

RICUPERO, Bernardo; FERREIRA, Gabriela Nunes. Raymundo Faoro e as interpretações do Brasil. In: *Perspectivas: Revista de Ciências Sociais*. Araraquara, v. 28, 2005.

ROCHA, Leonel Severo. *A democracia em Rui Barbosa: o projeto político liberal-racional*. Rio de Janeiro: Liber Juris, 1995.

——. A especificidade simbólica de Direito brasileiro pós-revolução de 1964. In: José Alcebíades de Oliveira Junior (org.). *O novo em Direito e Política*. Porto Alegre: Livraria do Advogado, 1997.

——. Os senhores da lei. In: *Epistemologia Jurídica e Democracia*. 2ª ed., São Leopoldo: Ed. Unisinos, 2003.

RODRIGUES, José Honório. *A Assembleia Constituinte de 1823*. Petrópolis: Editora Vozes, 1974.

ROSA, Alexandre Morais da; LINHARES, José Manuel Aroso. *Diálogos com a Law & Economics*. Rio de Janeiro: Lumen Juris, 2009.

ROUSSEAU, Jean-Jacques. *O contrato social*. São Paulo: Martins Fontes, 1989.

SALES, Tereza. Raízes da desigualdade social na cultura política brasileira. In: *Revista Brasileira de Ciências Sociais*. São Paulo: ANPOCS, junho de 1994.

SANTOS, Rogério Dultra dos. Francisco Campos e os fundamentos do constitucionalismo antiliberal no Brasil. In: *Dados*. Rio de Janeiro: IUPERJ, v. 50, nº 2, 2007.

SCHMITT, Carl. *O guardião da Constituição*. Belo Horizonte: Del Rey, 2207.

SCHWARTZMAN, Simon. *Bases do autoritarismo brasileiro*. Rio de Janeiro: Campus, 1982.

SKIDMORE, Thomas. *Brasil: de Castelo a Tancredo, 1964 – 1985*. 4ª ed., Rio de Janeiro: Paz e Terra, 1988.

SLEMIAN, Andréa. O Supremo Tribunal de Justiça nos primórdios do Império do Brasil (1828 – 1841). In: LOPES, José Reinaldo de Lima (org.). *O Supremo Tribunal de Justiça do Império: (1828 – 1889)*. São Paulo: Saraiva, 2010.

SORJ, Bernardo. *A construção intelectual do Brasil contemporâneo: da resistência à ditadura ao governo FHC*. Rio de Janeiro: Jorge Zahar Ed., 2001.

STEIN, Ernildo. *Órfãos de utopia: a melancolia da esquerda*. 2ª ed., Porto Alegre: Editora da Universidade/UFRGS, 1996.

STRECK, Lenio Luiz. Aplicar a "letra da lei" é uma atitude positivista? *Novos Estudos Jurídicos*. Itajaí, v. 15, n. 1, 2010. Disponível em: <http://www6.univali.br/seer/index.php/nej/article/view/2308>. Acesso em: 05/02/2013.

Constituição e Poder
LIMITES DA POLÍTICA NO ESTADO DE DIREITO

——. Crime e sociedade estamental no Brasil. In: *Cadernos IHU Ideias*. São Leopoldo: Instituto Humanitas Unisinos, ano 10, n° 178, 2012.

——. Diálogos (neo)constitucionais. In: OTTO, Écio; POZZOLO, Susanna. *Neoconstitucionalismo e positivismo jurídico: as faces da teoria do direito em tempos de interpretação moral da Constituição*. 3ª ed., Florianópolis: Conceito Editorial, 2012.

——. *Hermenêutica Jurídica e(m) Crise*. 10ª ed., Porto Alegre: Livraria do Advogado, 2011.

——. *Jurisdição Constitucional e Hermenêutica: uma nova crítica do direito*. 2ª ed., Rio de Janeiro: Forense, 2004.

——; TOMAZ DE OLIVEIRA, Rafael. *O que é isto – as garantias processuais penais?* Porto Alegre: Livraria do Advogado, 2012.

——. *O que é isto – decido conforme minha consciência?* Porto Alegre: Livraria do Advogado, 2012.

——; ABBOUD, Georges. *O que é isto – o precedente judicial e as súmulas vinculantes*. Porto Alegre: Livraria do Advogado, 2012.

——. Patogênese do protagonismo judicial em *Terrae Brasilis* ou de como "sentença não vem de sentire". In: MORAIS, José Luiz Bolzan de; ——. *Constituição, Sistemas Sociais e Hermenêutica: anuário do programa de pós-graduação em Direito da Unisinos*. Porto Alegre: Livraria do Advogado, n° 6, 2010.

——. *Poder Legislativo não deve revogar decisões judiciais*. Disponível em: <http://www.conjur.com.br/2012-mai-31/senso-incomum-problema-ativismo-judicial-nao-resolvido-pec#_ftn1>. Acessado em: 04/02/2013.

——. *Verdade e Consenso*. 4ª ed., São Paulo: Saraiva, 2011.

TASSINARI, Clarissa. *Jurisdição e Ativismo Judicial: limites da atuação do Judiciário*. Porto Alegre: Livraria do Advogado, 2012.

——. Revisitando o problema do ativismo judicial: contributos da experiência norte-americana. In: Revista Eletrônica do Curso de Direito da OPET, v. 4, 2010.

TOCQUEVILLE, Alexis de. *A democracia na América*. Belo Horizonte: ed. Itatiaia, 1962.

TOMAZ DE OLIVEIRA, Rafael. A constituição e o estamento: contribuições à patogênese do controle difuso de constitucionalidade brasileiro. In. BARRETO, Vicente de Paulo; CULLETON, Alfredo Santiago; STRECK, Lenio Luiz. *20 Anos de Constituição: os direitos humanos entre a norma e a política*. São Leopoldo – RS: ed. Oikos, 2009.

——. *Decisão Judicial e o Conceito de Princípio: a hermenêutica e a (in)determinação do Direito*. Porto Alegre: Livraria do Advogado Editora, 2008.

——. *É grande a dívida do Congresso com a Constituição*. Disponível em: <http://www.conjur.com.br/2012-dez-29/diario-classe-grande-divida-congresso-constituicao>. Acessado em: 01.01.2013.

——. O constitucionalismo garantista e a leitura moral da Constituição: quais são as "condições de possibilidade" dos juízos substanciais (materiais) de controle de constitucionalidade? In: FERRAJOLI, Luigi; STRECK, Lenio Luiz; TRINDADE, André Karam. *Garantismo, hermenêutica e (neo)constitucionalismo: um debate com Luigi Ferrajoli*. Porto Alegre: Livraria do Advogado, 2012.

VALLE, Vanice Regina Lírio do (org.). *Ativismo jurisdicional e o Supremo Tribunal Federal*. Laboratório de Análise Jurisprudencial do Supremo Tribunal Federal. Curitiba: Juruá, 2009.

VIANNA, Luiz Werneck. As alianças políticas, absolutamente necessárias e seus limites. In: *Revista do Instituto Humanitas Unisinos*. São Leopoldo – RS, n° 398, ano XII, 2012.

——; BURGOS, Marcelo Baumann; CARVALHO, Maria Alice Rezende de; MELO, Manuel Palacios Cunha. *A judicialização da política e das relações sociais no Brasil*. Rio de Janeiro: Revan, 1999.

——. *Corpo e Alma da Magistratura Brasileira*, 3ª ed., Rio de Janeiro: Revan, 1997.

VIEIRA, Oscar Vilhena. *Supremo Tribunal Federal: jurisprudência política*. São Paulo: Revista dos Tribunais, 1994.

VILLA, Marco Antonio. *A história das Constituições brasileiras*. São Paulo: Leya, 2011.

WARAT, Luis Alberto. *Introdução Geral ao Direito II*. Porto Alegre: Editor Sergio Antonio Fabris, 1995.

WEBER, Max. *Economia y Sociedad. Esbozo de sociología comprensiva*. México: Fondo de Cultura Económica, 1999.

WEFFORT, Francisco. *Formação do pensamento político brasileiro: ideias e personagens*. São Paulo: Ática, 2006.

WOLFE, Christopher. *The rise of modern Judicial Review. From constitucional interpretation to Judge-Made Law*. New York: Rowman & Littlefield, 1994.

WOLKMER, Antonio Carlos. *Ideologia, Estado e Direito*. 4ª ed., São Paulo: Revista dos Tribunais, 2003.

Impressão:
Evangraf
Rua Waldomiro Schapke, 77 - POA/RS
Fone: (51) 3336.2466 - (51) 3336.0422
E-mail: evangraf.adm@terra.com.br